Christine Weiner

Das Leben ist wie eine Handtasche

Pablo Picassos Worte
»Ich suche nicht, ich finde«
müssen sich auf eine Frau
und ihre Handtasche bezogen haben …

Christine Weiner

Das Leben ist wie eine Handtasche

Das
Sofort-Coaching
für Frauen

KNAUR

INHALT

6 Alles da … und nichts zu finden

15 Ihr Geldbeutel: Lassen Sie springen,
was Sie haben!
16 Eine ganze Menge Talent!
20 Lust auf Luxus!
24 Der Einsatz hat sich nicht gelohnt?

29 Ihre Schlüssel: ein Bund fürs Leben?
30 Oje, ein Hausmeisterinnenbund
33 Der Kellerschlüssel
38 »Könnten Sie mir bitte die Tür aufmachen?«
41 Der alte Schlüssel
45 Tür auf oder Tür zu?

51 Das Adressbuch: Bei diesen Menschen
sind Sie zu Haus
52 »Wie schön, dass es dich gibt!«
56 Gute Pflege
59 Kollegen sind auch nur Menschen

65 Ihr Handy: Sind Sie immer auf Empfang?
66 Ich bin da, aber wo bin ich?
72 »Mit dir kann man ja nicht reden!«
69 Alles eine Frage des Empfangs
75 Komm runter, Honey!

81 Spiegel, Lippenstift und Puder
82 I am, what I am
85 Liebe dich selbst!
88 … als wäre ich ein Streuselkuchen!
92 Sie werden bemerkt!

97 Ihr Talisman: das Glück in der Tasche
98 Ein kleines, rotes Herz
104 Die Liebe finden
108 Vertrauensbildende Maßnahmen
110 Alles eine Sache des Glaubens

117 Das Notizbuch: alles, worauf es ankommt
118 Wofür schlägt Ihr Herz?
123 Erfolg hat ein Rezept ...
130 Ihr Tag am Meer

135 Rescue me! Gute Tropfen für die Not
136 Wie viele Hochzeiten stehen gerade an?
143 Vom Problem zur Lösung
146 Siebenmal Rescue, wenn es brennt
149 Kein Tag ohne ein bisschen Flirt

153 Achtung, Pfefferspray!
154 Keinen Schritt weiter ... oder es knallt!
159 Werden Sie laut!
161 Sag nicht ja, wenn du nein meinst
165 »Ich weiß, wie du besser wärst ...«

169 Nervennahrung: Zuckerstückchen für die Seele
170 Das Leben ist voller Süße
172 Bleiben Sie hungrig!
175 Wunderbare Bitterpillen

179 Psst ... ein Geheimnis
180 Miss Geheimnisvoll
184 Es ist dunkel
187 Das ganze Leben ist ein Geheimnis

191 Dank
192 Impressum

Alles da ... und nichts zu finden

Wir tragen sie mit uns und alles, was wir zum tag-
täglichen Leben brauchen, in ihr. Zuweilen vergraben
sich in ihr Sachen, die wir gaaanz bestimmt einge-
steckt haben – so wie sich zuweilen die richtigen
Lösungen, Sätze und Verhaltensweisen in uns verstecken. Aber auch die sind da ...

Wie hab ich sie geliebt!
Meine erste Handtasche brachte mir der Osterhase im
späten Kindergartenalter. Sie war aus braunem Kunstleder und exakt die verkleinerte Version der Tasche, die
meine Mutter am Handgelenk trug. Ich erinnere mich
noch heute, wie ich sie stolz aus dem Osternest heraus-
hob, vom Kunstgras säuberte, aufknipste, die kleinen
Reißverschlüsse im Inneren aufzog und wieder verschloss.
Dann polierte ich ihre Außenflächen sorgfältig mit einem
weichen, weißen Tuch. Mein Herz schlug aufgeregt, und
ich drückte die Handtasche fest an mich. Sie würde mich
von nun an begleiten. In ihr würde ich das gemalte Bild
verstecken, das meinen innigsten Berufswunsch zeigte:
Ich wollte »Indianermädchen« werden. Hier war Platz
für meinen kleinen Plastikgeldbeutel, meine geliebten
Schokoladenplätzchen, meine Buntstifte und meinen
Kamm. Nie mehr würde ich mit einem kindischen Beutel
in den Kindergarten gehen. Das war vorbei. Ich war erwachsen. Die Tür in das Leben der »Großen« hatte sich
für mich geöffnet. Dank meiner Handtasche. Denn nur
erwachsene Frauen besaßen Handtaschen aus Leder,

Kunstleder, Lack oder Kroko. Kleine Kinder hatten albern bedruckte Beutel, Rucksäcke, Köfferchen. Als Besitzerin dieser kleinen Handtasche war es ab jetzt mein gutes Recht, selbstbestimmt zu leben. Eine Handtasche ist eben mehr als ein Behältnis. Mit ihr tun sich neue Dimensionen auf. Ein Zeichen für Veränderung.

- Ich hatte eine Tasche – und ich »war«.
- Ich hatte eine Tasche – und wollte finden.
- Ich hatte eine Tasche – und das Suchen begann …

Seit meinem ersten Tag als Handtaschenbesitzerin bin ich in Taschen verliebt, aber ich muss wühlen, suchen oder am besten gleich den ganzen Inhalt auf dem Tisch verteilen … Denn offenbar ist die Handtasche nicht meine Dienerin, vielmehr hat sie in mir ihre Sklavin gefunden. Und immer wieder präsentiert sie mir das Verkehrte: Dem freundlichen Polizisten reiche ich statt meiner Papiere eine Packung Erfrischungstücher. Mit der Wimperntusche versuche ich, meine Bürotür aufzuschließen, und verzweifelt schneuze ich in irgendein Notizpapier, weil alle Tempotaschentücher mit einem Mal verschwunden sind. Natürlich habe ich immer alles dabei, aber im Ernstfall finde ich es nicht, oder ich greife komplett daneben.

Und so bin ich weiter auf der Suche nach der Handtasche meines Lebens. Nach der Gefährtin, die sich wie von selbst sortiert. Bildschön, intelligent und organisiert. Gerade so, als wohnte in ihr eine Sekretärin, die all das ordnet, was ich auf die Schnelle in die Tasche werfe, und die mir flink das reicht, was mir gerade fehlt. Aha, Sie kennen das auch? Ganz gleich, ob Sie eine praktische Handtasche mit sich führen, einen abgewetzten Rucksack über der Schulter baumeln haben oder ein Gucci-Täschchen keck unter Ihrer Achsel klemmt? Wenn wir etwas brauchen, ist es nicht da. Wir gehören derselben Familie an – ich habe es geahnt.

Sie und ich sind nämlich eine Handtasche!

Klingt erst mal absurd. Aber wenn wir genau hinschauen, stellen wir fest, wie oft wir nicht fündig werden, sobald wir etwas in uns suchen. Immer wieder kommen uns die besten Lösungen und Sätze erst in der Nacht, wenn man sie gerade absolut nicht mehr braucht. Ob es sich nun um eine Entscheidung handelt, einen Gedanken, den wir knüpfen wollen, eine Begründung, die wir in der heißen Diskussion so gut gebrauchen könnten, oder die treffsichere Retourkutsche ... Die wirklich überzeugenden Formulierungen kommen einem zu spät oder gar nicht. Und das, obwohl wir doch alles in uns tragen. Immerhin haben wir unseren Freundinnen schon in unendlich vielen Vier-Augen-Gesprächen die besten Vorschläge gemacht.

»An deiner Stelle, würde ich jetzt ...«

»Na, da hättest du ... sagen sollen!«

»Was? Aber das ist doch klar, was du da machst ...«

Wie dumm, dass wir so oft auf dem Schlauch stehen, wenn wir selbst kluge Ideen, Gedanken oder Worte brauchen. Vor allem, wenn uns dadurch ein Geschäft durch die Lappen geht, wir unter Stress etwas Falsches sagen, nicht mehr klar denken können oder sogar einen Flirt versemmeln ...

- Er fragt Sie, wohin er Sie zum Essen einladen darf, und Sie hören sich sagen: »Wurst.«
- Sie stehen zwischen zwei Männern und suchen nach der Lösung. Wühl, wühl … Doch nichts zu finden.
- Eine Kollegin will eine Aufgabe an Sie abdrücken, aber statt eines klaren Neins hören Sie Ihr lautes Ja. Auf die Schnelle hatten Sie eben keine andere Antwort parat.

Doch sie sind allesamt da: die passenden Worte, die richtigen Antworten und die klugen Entscheidungen. Sie ruhen in Ihrem Inneren und warten nur darauf, »abgerufen« zu werden. In einem hektischen Moment oder in einer traurigen Situation finden wir unsere innere Weisheit jedoch häufig nicht. Alles ist durcheinander, in uns ist nichts mehr sortiert – und wir agieren entsprechend.

Sie fragen sich:
- Was soll ich jetzt sagen?
- Wie soll ich reagieren?
- Was soll ich nur tun?

Um fündig zu werden, müssen wir uns an unsere Fähigkeiten erinnern und nachschauen, wo sich das gute Wissen versteckt. In stressigen Momenten neigen wir zu der Überzeugung, dass »nichts« mehr da ist und wir auch »noch nie« etwas davon hatten. Das stimmt nicht. Es ist alles vorhanden, Sie finden es bloß augenblicklich nicht. Dieses Buch ist, wenn Sie so wollen, ein kleiner Navigator. Ich erinnere Sie bzw. rege Sie an, sich zu erinnern, was Sie bereits alles erreicht haben, was Ihnen persönlich im Leben wichtig ist, wie Sie sich selbst und Ihre Tage strukturieren und was Ihnen Entspannung gibt. Es ist alles da, Sie sind die Meisterin in Ihrem Leben.

In der systemischen Beratung wird der Klient als »Experte« wahrgenommen. Denn der Klient kennt sich und seine Geschichte am besten und hat damit alle Ressourcen, auch die beste Lösung für sich zu finden. Der Berater oder die Beraterin unterstützt ihn bei der Entscheidung, das Richtige für sich zu tun. Die innere Handtasche wird mit Hilfe geschickter Fragen, Anregungen, Phantasien und kleiner Geschichten aufgeräumt.

Ihre innere Handtasche enthält alles, was Sie brauchen

Ihre Lebenserfahrung, all das, was Sie im Laufe der Jahre gelernt haben, Ihre Lieben, Ihre Erfolge und Ihre Wünsche, die Sie ans Leben haben, stecken in Ihrer inneren Handtasche. Dieses Wissen ist in Bildern, Tönen, Gefühlen und Glaubenssätzen abgespeichert. Erinnern Sie sich noch, wie es in der Turnhalle Ihrer Grundschule roch? Wann haben Sie sich das erste Mal so richtig verliebt? Wie fühlte es sich an, als Sie bei einem Streit in der achten Klasse die besseren Argumente hatten? Es ist alles da. Die Gerüche, die Gefühle – und die Strategien. Leider gibt es noch kein »google brain« oder »google soul«. Wir müssen uns in unserer inneren Handtasche auf die Spurensuche begeben. Sicher werden Sie dabei einiges finden, das Sie kennen, das Ihnen vertraut ist, aber auch manches, das Sie längst verloren glaubten. Kompetenzmanagement nennt man das heute. Sie erinnern sich, ordnen dabei Ihr Leben und entdecken, was Sie schon alles geleistet haben. Dazu zählen nicht nur die beruflichen Erfolge, sondern auch überstandene Krisen, Schlussstriche und Neuanfänge aller Art.

Beim Aufräumen einer Handtasche wird oft auch das Leben neu geordnet. Unbemerkt, aber nachhaltig. Wir begutachten den Inhalt und entdecken mancherlei Überschneidungen. Der Geldbeutel ist zum Beispiel ein Symbol für Selbstwert und Ihre Talente. Ihr Adressbuch kann als Hafen Ihrer Kontakte betrachtet werden. Das Schminktäschchen erinnert Sie an Ihre Weiblichkeit und Schönheit, das Schlüsselbund daran, wie Sie bestimmte Ziele managen wollen, das Notizbuch an das, was in Ihrem Leben als Nächstes *Sache ist*. Der Talisman symbolisiert das Glück im Leben. Und unter dem Futteral hat sich etwas Geheimnisvolles versteckt, das Sie momentan höchstens ertasten oder erahnen können …

Inzwischen hat sich das frühere Suchen in meiner inneren Handtasche zu einem Entdecken gewandelt. Sie lädt mich ein, zu finden, zu reflektieren und zu erneuern. Nichts muss so bleiben, wie es ist. Nicht in meiner Handtasche, nicht in meinem Kopf, nicht in meinem Herzen, nicht in meiner Seele und nicht in meinem Leben. Doch bevor ich hektisch ordne und sortiere, betrachte ich mir mein Leben:

* Was hat in der Vergangenheit zum Erfolg geführt?
* Was machte mich zufrieden oder glücklich?
* Wie erlebe ich mich als Frau?
* Ist Erfolg für mich greifbar?
* Wer bin ich überhaupt?
* Fürchte ich mich vor Applaus …
* oder tauche ich genüsslich in ihn ein?

Stöbern Sie in Ihrer inneren Handtasche!

In diesem Buch finden Sie Geschichten und Fragen, die ich in meinen Beratungsstunden gesammelt habe. Ein kluger Mensch sagte einmal zu mir: »Immer wenn uns etwas kränkt, verletzt oder unglücklich macht, ist die Ursache ein Mangel an Anerkennung oder Liebe.« Damals fand ich diesen Gedanken ein wenig simpel. Dann begann ich, mich und andere zu beobachten. Und tatsächlich: Egal, ob im Beruf, im Freundeskreis oder in der Familie, immer ist es die Liebe oder die Anerkennung, die fehlt, wenn uns etwas schmerzt. Deshalb werden Ihnen in diesem Buch immer mal wieder ähnliche Antworten begegnen. Denn um klarer leben und an Selbstbewusstsein gewinnen zu können, müssen wir uns in erster Linie um die Themen Anerkennung und Liebe kümmern.

- Wie sehr lieben Sie sich?
- Wie viel Anerkennung geben Sie sich selbst?
- Wie machen Sie deutlich, dass Sie von anderen Anerkennung wünschen?
- Wer soll Sie lieben?

Den eigenen Wert kennen, sich akzeptieren, wie man ist, wissen, was man kann, und es auch zeigen, um Hilfe bitten und Hilfe geben, das sind die Grundthemen dieses Buches. Was ist drin in Ihrer inneren Handtasche, was könnte hinzu, was wird nicht mehr benötigt?

Ich bin nicht klüger als andere Frauen – vielleicht vertraue ich nur mehr darauf, dass alles Wissen in mir ruht und ich davon jederzeit profitieren kann, indem ich nachschaue und das Passende für mich wähle.

Was darf es denn bei Ihnen sein? Ein Satz, eine Idee, ein frischer Impuls oder ein Zuckerstückchen für die Seele?

Wie Sie dieses Buch am besten lesen

1. NACH DEM FRAGEPRINZIP

Sie haben eine bestimmte Frage … Möglicherweise finden Sie in diesem Buch eine Anregung zur Lösung. Die einzelnen Kapitel sind übergeordneten Gedanken unterstellt. In welche »Schublade« passt Ihre Frage am besten?

2. NACH DEM LUSTPRINZIP

Vielleicht haben Sie gerade einen Moment der Pause. Sie möchten lesen, aber es soll kurz sein und eine Art Erfrischungstuch für die Seele. Ihre Augen wandern über Seiten und Zeilen, und der eine oder andere Gedanke bleibt in Ihrer Seele hängen. Wenn Sie sich in dieser Lesesituation befinden, dann blättern Sie das Buch einfach mal durch, und lesen Sie das, was Sie gerade anspricht. Sie können an jeder Stelle zu lesen beginnen.

3. NACH DEM ORAKELPRINZIP

Um es esoterisch auszudrücken: Ihr Unterbewusstsein weiß, welche Fragen Sie gerade haben. Schlagen Sie das Buch also an irgendeiner Seite auf, und lesen Sie dann los. Mal sehen, was Ihnen der Text sagt!

Ganz gleich, für welchen Leseweg Sie sich entscheiden, ich wünsche Ihnen viel Freude beim Aufräumen und Entdecken.

Ihr Geldbeutel: Lassen Sie springen, was Sie haben!

Alles ist drin. Geld, Quittungen, Zettel, Payback-, Mitglieds- und Kreditkarten. Werfen Sie einen Blick in Ihren »Geldbeutel«! Welche Kostbarkeiten befinden sich darin? Dürfen die Münzen bei Ihnen springen? Wozu verwenden Sie Ihr Geld, und wie viel davon investieren Sie in Ihr Talent? Welche Talente haben Sie eigentlich? Sind alle bekannt?

Eine ganze Menge Talent!

Zu biblischen Zeiten war »ein Talent« eine Währung.
Und so eine besondere Handtasche kostete schon ein paar
Talentchen – also eine hübsche Stange Geld. In dem
»Gleichnis vom anvertrauten Geld« (Matthäus 25, 14–30)
wird beispielsweise von einem Herrn erzählt, der auf
Reisen geht und seinen Dienern, je nach Fähigkeit, Geld
anvertraut. Einer der Diener hat Angst, das Geld könne
verlorengehen, und versteckt es einfach in der Erde. Dort
kann es sich aber nicht mehren und dem Herrn keine
Freude machen. Hier steht »Talent« nunmehr für eine
besondere Begabung: Alle bekommen wir etwas mit ins
Leben, bekommen ein oder mehrere Talente anvertraut.
Aber wir sollen sie nicht vergraben, sondern zeigen, einsetzen und vermehren. Heute denken wir bei Talenten
oft zuerst an Kunst und Fähigkeiten, die gewinnbrin-
gend eingesetzt werden. Ein Maler hat diese besondere
Begabung. Ein Musiker sowieso. Eine Dichterin. Eine
Fotografin. Ein Verkäufer braucht es allemal. Aber gibt
es auch ein Talent zum Denker oder zur Philosophin?
Haben Krankenschwestern Talent? Oder Bäckereifach-
verkäuferinnen? Oder Ihre Steuerberaterin? Ganz klar,
auch die haben Talente! Die eine im Umgang mit Menschen, die andere spürt intuitiv, wenn ein Brötchen nicht
mehr wirklich knusprig ist – und was eine gewinnbrin-
gende Steuererklärung betrifft, da braucht es nicht nur
Talent, sondern obendrein ziemlich starke Nerven (zumindest wenn man mich als Klientin hat). Doch über
ihre Profession hinaus haben alle diese Frauen noch weitere Talente. Vielleicht singt die Bäckereifachverkäuferin

gnadenlos gut den Blues; die Krankenschwester hat nicht nur eine heilende Hand, sondern auch einen grünen Daumen, und meine Steuerberaterin liebt vielleicht nicht nur Fußball als Zuschauerin, sondern steht auch im Tor irgendeiner Mannschaft. Wer weiß …

Auf Talentsuche

Für mich sind Talente besondere Fähigkeiten und Fertigkeiten, die bei einem Menschen stärker ausgeprägt sind und die er gerne lebt. Die Vorstellung von »Wunderkindern« oder Talent-Füllhörnern, die sich über manche Menschen mehr ergießen als über andere, widerstrebt mir. Vielmehr bin ich davon überzeugt, dass jeder Mensch mit irgendeinem Talent oder mehreren gesegnet ist. Auch Sie! Natürlich gibt es Talente, die sich bereits deutlich im Kindesalter melden und wie ein großes Geschenk sind. Musikalität gehört dazu, eine Begabung für Malerei oder Schauspielerei und mathematisches Verständnis sicher auch. Ich werde nie in Mathematik talentiert sein, aber wenn ich mich darum bemühte, dann könnte ich mich darin sicher verbessern. Also habe ich vielleicht so etwas wie ein Mathematiktalentchen? Der liebe Gott schenkt nicht den einen die Mathematik, und die anderen bekommen gar nichts. Meine Gaben sind das Schreiben und dass ich Menschen zum Lachen bringen kann. Ich bringe kritische Themen mit Humor auf den Punkt. Deshalb kommen Menschen in meine Seminare. Wir lachen gemeinsam über Fehler. Viele Steuerberater können das nicht …

Wie sieht's aus? Welche Talente haben Sie? Fallen Ihnen auf Anhieb welche ein, oder müssen Sie nachdenken?

Haben Sie ein Talent vielleicht sogar schon einmal *zu Geld* gemacht?

- Achten Sie Ihre Talente?
- Sind Sie stolz auf sich?
- Zeigen Sie alles, was Sie haben?
- Nutzen Sie Ihre Talente?
- Lieben und pflegen Sie dieses Kapital?

Seine Potenziale sollte man nicht ängstlich verstecken, sondern investieren. Geld verliert seinen Sinn, wenn es nur auf dem Sparkonto ruht. Auch Talente wollen unters Volk gebracht werden.

WELCHE TALENTE HABEN SIE?

Ich meine damit nicht »gut organisieren« und »gut zuhören«, sondern ich möchte wissen, wofür Sie ein besonderes Händchen haben. Können Sie singen? Malen? Lieben Sie das Theaterspiel? Sind Sie in der Küche eine Göttin? Sind Sie eine talentierte Rednerin, oder haben Sie einen Riecher für die beste Geldanlage?

Das Finden von Talenten fällt manchmal gar nicht so leicht, oder? Viele von uns wurden nicht dazu erzogen. Als ich ein Kind war, waren meine Eltern mit anderem beschäftigt, als mich auf meine Talente aufmerksam zu machen. Ich glaube, sie kannten sie nicht einmal. Auch die Lehrer suchten nicht danach. Den Erwachsenen in den 1960er und 1970er Jahren genügte es, wenn Kinder brav und gut in der Schule waren. War ich aber nicht. Weder das eine noch das andere. Nicht zuletzt auch deshalb, weil meine Talente im Unterricht keine Resonanz fanden. Die Stunden gingen komplett an mir vorbei, und so wundert es nicht, dass ich sogar zweimal eine Klasse wiederholen musste. Ausschlaggebend war meine beharrliche Fünf in Deutsch. Heute begleite ich andere Menschen im Entstehungsprozess ihrer Bücher. Und wenn ich ihnen von meiner Deutschfünf erzähle, atmen die meisten erleichtert auf; denn man muss kein Rechtschreibecrack sein, um unterhaltsam zu schreiben. Für die Rechtschreibung gibt es Experten, die mich unterstützen.

Das hatte man meinen Eltern nicht gesagt. Jeder Pädagoge, der meine Schullaufbahn kreuzte, klagte stattdessen über meine Faulheit. Zudem stand »Zu viel Phantasie!« mit roter Tinte neben meinen schlechten Noten. Aber gibt es wirklich ein Zuviel an Phantasie und Kreativität? Es gibt höchstens Phantasie, die ihren Meister und Ausdruck noch nicht gefunden hat …

Ihre Talente wollen an die frische Luft!

Manche Menschen beginnen erst im hohen Alter, ihr Talent zu leben. Schade, denn je eher wir unsere Talente erblühen lassen, desto besser. Schließlich machen Talente das Leben reich, beschenken andere und sind eine Erholung für die Seele: Man versinkt in dem, was man tut. Geht ganz darin auf, die Zeit vergeht wie im Flug.

Talente sind auch im beruflichen Kontext von beachtlichem Wert, denn eine persönliche Begabung bringt Sie weiter. Aber natürlich nur, wenn Sie zu ihr stehen und sie allen zeigen. Es gibt zwar verschiedene Tests im Internet, die Sie darin unterstützen, verschüttete Talente auszugraben. Allerdings glaube ich, dass Ihnen langjährige

Freundinnen ebenso gut helfen können. Die decken mit Ihnen gemeinsam auch Talente auf, die brachliegen. Annette sagt mir z. B. erbarmungslos, welches Talent ich ganz bestimmt nicht habe: »Diplomatie ist wirklich kein Talent von dir«, lacht sie mich immer wieder aus. Stimmt. Und ich werde es auch genauso brachliegen lassen, wie es ist. Wie viele schöne Fettnäpfchen haben sich dadurch ergeben! Ich möchte diese peinlichen Geschichten wirklich nicht in meinem Leben missen. Aber mein komisches Talent, das würde ich gerne stärker ausprobieren. Auf der Bühne, volkstümlich im Dirndl und mit Hut …

Vertrauen Sie sich selbst und darauf, dass sich auch andere Menschen an Ihrem Talent erfreuen werden. Nichts ist trauriger, als wenn ein Mensch nicht all das lebt, was er leben kann und leben könnte. Es ist wie mit dem Geld, das Sie in einem Extrafach Ihres Portemonnaies bewahren und das eigentlich für Genuss und Luxus gedacht ist: Wenn es dauerhaft versteckt bleibt, dann geht nicht nur Ihnen, sondern auch anderen etwas verloren. Und wer weiß, vielleicht stimmt eines Tages nicht einmal die Währung mehr … Überall werden heute noch alte DM-Scheine gefunden. Geld, das einst für Vergnügungen gehortet wurde, doch vergnügt hat sich niemand damit. Machen Sie es also anders: Lassen Sie die Talente springen! Für sich und für andere.

Lust auf Luxus!

Viele Frauen sind so sparsam, wenn es um sie selbst geht. Die Werbung zeigt uns zwar Diven, die sich auf roten

Sofas räkeln und von einem Söhnlein Brillant Champagner kredenzen lassen. Das Leben der meisten Frauen gestaltet sich aber ganz anders: Dass sie sich etwas gönnen, ist die Ausnahme, von einem echten Divenleben keine Spur. Es wird eher den Kindern etwas geschenkt, und mit den Freundinnen tauscht man Kleider. Von Luxus wird geträumt; gelebt wird second hand. Ist das bei Ihnen auch so? Nein? Dann blättern Sie weiter. Die anderen und ich, wir betrachten derweil unseren Umgang mit Verwöhnmomenten und fühlen nach, was uns im Genuss hemmt. Wir, die Sparbrötchen, mit dem festverschlossenen Geldbeutel in der Handtasche.

Vom Kaufhofkind zum Luxusweib ...

Jahrzehntelang gestand ich mir keinen Luxus zu, weil meine Eltern eine Flüchtlingsvergangenheit haben. Luxus gab es bei uns nicht. Keinen kleinen und keinen großen. Wenn etwas gekauft wurde, dann im Kaufhof, wo meine Eltern als Mitarbeiter Prozente bekamen. So träumte ich zum Beispiel jahrelang von einem Paar Salamanderschuhe. Eigentlich egal, welches Modell, Hauptsache von Salamander, denn der »Lurchi« war mir aus dem Schwarzweißfernseher so vertraut. Doch Salamander gab es in der Kaufhofschen Schuhabteilung nicht. Damit war mein Kinder-Luxustraum geplatzt. Außerdem waren Salamanderschuhe teuer, und meine Eltern mussten sparen. Gekauft wurde, was *günstig* war. Erst kam der Nutzwert, dann die schönen Wünsche. Von den Salamanderschuhen mal abgesehen, störte mich das Sparen gar nicht so sehr. Merkwürdig fand ich allerdings, dass wir immer nur in den Kaufhof einkaufen gingen.

Aber Erwachsene machen ja eh rätselhafte Dinge. Als ich selbst erwachsen war, merkte ich, dass ich mit eigenem Geldbeutel in der Hand noch immer nach dem Muster meiner Eltern lebte.

- Gute Ware, aber günstig.
- Erst einmal das auftragen, was man hat.
- Erst einmal warten, ob der Pulli nicht runtergesetzt wird.
- Erst einmal prüfen, ob es nicht noch günstiger geht.
- Erst einmal in den Kaufhof!

Herrjemine!

Und als ich schließlich wirklich erwachsen wurde, war mir plötzlich klar, dass etwas Elementares in meinem Verhaltensspektrum fehlte: Sinnlichkeit und Luxus. Das kann man zwar auch im Kaufhof ausleben, aber nach vierzig Jahren dürfen es auch einmal andere Erfüllungsgehilfen sein … »Wenn du was nicht richtig kannst, dann übe dich darin«, lautet eine meiner Lebensregeln. Also beschloss ich, ein Jahr lang konzentriert daran zu arbeiten, das Luxusthema in mein Leben zu integrieren – und zu genießen. Eine wahnsinnig dröge Angelegenheit, wie Sie sich denken können.☺

Luxus ist ein Teil des Lebens. Er zeigt sich darin, etwas zu lieben, auch wenn es sein Geld vielleicht nicht wert ist. Etwas zu kaufen, nur weil es einem gefällt. Nicht auf den Preis, sondern auf die Lust zu schauen. Zuzulangen, mitzuspielen, loszulegen und nicht zu fragen: Darf ich? Kann ich? Steht mir das überhaupt zu?

Damit mein Leben luxuriöser wurde, bedurfte es nicht nur einer Entscheidung, sondern regelmäßiger Übung. Ich wählte »Luxus« als mein aktuelles Jahresmotto – jedes Jahr nehme ich mir ein anderes Verhalten oder eine neue Eigenschaft vor, um mich darin zu üben –, und so startete ich mein »Luxusjahr« zum Jahrtausendwechsel. Zwölf Monate lang hatte ich einen Heidenspaß, der sich auf viele andere Bereiche positiv auswirkte. Wer sich selbst etwas gönnen kann, gönnt auch anderen gleich mehr. Zudem ist Luxus absolut weiblich. Meine Seele legte an erotischen Rundungen zu!

Das Luxusjahr

Jeden ersten Mittwoch im Monat bummelte ich durch die Stadt mit der Aufgabe, mir etwas zu kaufen, das wesentlich teurer war als ein ähnliches »Normalprodukt«. Beim Öffnen des Geldbeutels musste es in meiner Brust ziehen. Ein Gefühl, das Sparbrötchen zu gut kennen. Begleitet von Gedanken wie »Also nein! Das geht wirklich nicht. Das ist mir zu viel.« – »8 € für eine Schokolade? Sind die denn verrückt?« – »40 € für Strümpfe?« – »Wie bitte, ein Pfund Kaffee kostet 15 €?« – »Eine Handtasche für 250 €???« Sie wissen schon, was ich meine: Man leistet sich ja sonst auch das eine oder andere, aber *diese* Preise waren nun wirklich eine Nummer zu dick (für mich). Es gibt viele Möglichkeiten, Luxus zu spüren. Es müssen nicht sündhaft teure Schuhe oder Klunker sein. Wenn Sie mit Luxus ein kleines Problem haben, dann setzt auch schon bei der Schokolade für 8 € Herzrasen ein …

Und nun der erhöhte Schwierigkeitsgrad: Bei meinem Luxuskauf durfte es sich nicht um heruntergesetzte

Ware, um B-Ware, etwas aus einem Outlet und keinesfalls um Kaufhofware handeln. Und da es nun einmal zu meiner Jahresaufgabe gehörte, machte ich mich an diese Erfahrung heran – und siehe da, alsbald wurden meine Einkäufe zu Trophäen, die ich mit Torte und leckeren Getränken feierte. Ich war die Herrin über meinen Geldbeutel geworden! Dieses Luxus-Übungsjahr hatte einen ganz besonderen Glanz und Spaß, der bis heute in mein Leben blitzt. Auch mein Herzensmann fand dieses Jahr genial. Denn nichts hat mehr Sex als eine Frau, die sich Luxus gönnt und ausstrahlt, dass Luxus ihr zusteht. Eine kleine Venus. Eine Diva für den Augenblick. Das Zwinkern einer Königin.

Spielen Sie mit Ihrem Geld. Lassen Sie die Münzen laufen. Nicht alles, aber immer mal wieder ein paar. Die kleinen Dinger sollen für Sie tanzen und Ihre Augen zum Leuchten bringen. Luxus strahlt aus. Ganz egal, wie groß oder klein er ist, Hauptsache er fühlt sich für Sie luxuriös an …

Na? Lust bekommen? Wann beginnen Sie mit Ihrem Luxusprogramm? Und werden Sie mir mailen, welches Ihre ersten Luxuskäufe waren?

Der Einsatz hat sich nicht gelohnt?

Manchmal wird nicht das Konto geschröpft, manchmal zahlt man selbst im Leben drauf. Ganz besonders dann, wenn ein Blind Date so richtig danebengegangen ist … Sitzt Ihnen vielleicht sogar der Frust gerade in den Knochen? Obwohl alles so passend schien, hat überhaupt nichts gepasst? Dabei hatten Sie sich das vielleicht so hübsch ausgemalt und sich immer wieder zu diesem Mann hingeträumt. Dieser nette Typ, mit dem Sie so oft und lange und nächtens und intensiv am Telefon erzählt haben. Als Sie ihm dann endlich gegenübersaßen, verhielt sich Ihr Herz wie ein Sitzsack von Ikea. Träge und plump. Sie hätten sich den Mann schönreden können oder Ihre Gefühle bequatschen, aber Sie wissen leider auch: Wirkliche Liebe fühlt sich anders an und braucht keine Schönrederei. Und das macht Sie traurig und auch ein wenig desillusioniert. Das Liebesglück schien doch bereits so nah. Jetzt haben Sie nur draufgezahlt. Der Mitgliedsbeitrag im Single-Club, die Fahrt zum Treffpunkt ... und die Restaurantrechnung haben Sie auch noch übernommen. Sie boten es an. Und er griff zu. Dann gingen Sie beide wieder auseinander.

Das also war der Mann, vor dem Sie am Telefon Ihr ganzes Leben ausgebreitet haben? Er sagte doch, er habe noch volles Haar und sei wie ein großer Junge. Und dann kam ein müder, abgespannter Glatzkopf! Und ungepflegt war er obendrein. Die vielen schönen Worte, kamen die wirklich aus dem Mund mit den schlecht geputzten Zähnen?

Trösten Sie sich: Selbst wenn er ein Abbild von Tom Hanks oder Til Schweiger gewesen wäre, hätte der erhoffte Funke fehlen können. Auch Liebesaktien können eine Talfahrt hinlegen und sich als eine Fehlinvestition erweisen. Das ist Ihnen als Teenager schon passiert, mit zwanzig Jahren, mit dreißig ... und auch mit vierzig plus gibt es gegen Gefühlsduselei noch keine wirksame Medizin. Liebe ist unberechenbar, egal, wie alt man ist. Man nimmt Kontakt auf und erträumt sich ein Feuerwerk der Liebesfunken. Manchmal erstrahlt der Himmel tatsächlich, doch ein andermal werden Sie nur Zeugin eines lausigen Tischfeuerwerks: klein, kümmerlich und alles andere als knallbunt.

Kaufen Sie Liebesaktien mit Herz und Verstand

Es gibt da ein paar Fallen in der Partnersuche, an die sollten Sie sich erinnern, wenn Sie sich wieder auf die Pirsch begeben. Denn nehmen Sie diese kleinen Hürden nicht aufmerksam war, so besteht die Gefahr, in Herzweh und Traurigkeit zu plumpsen.

Woher ich das weiß? Nun, ich habe mal zwei Jahre lang in einer Partnervermittlung gearbeitet. Seitdem betrachte ich die Liebe nicht nur als Glücksfall, sondern auch als etwas, das man selbst beeinflussen kann. Es gibt Flirt-Regeln! Die größte Falle sind zu viele Telefonate. Verlieben Sie sich ruhig in eine Stimme, aber vergessen Sie nicht: Die Stimme ist längst nicht der *ganze Mann*. Den müssen Sie erst einmal sehen, riechen und erleben. Oder würden Sie auf eine telefonische Beschreibung hin eine teure Handtasche kaufen? Bestimmt nicht. Sie würden wohl eher sagen: »Moment, ich muss die doch erst mal sehen, fühlen und schauen, ob sie alltagstauglich ist.« Genau. Auch Männer sind wie Handtaschen. Man telefoniert nicht nur mit ihnen, sondern wir schauen sie uns erst einmal von allen Seiten an, bevor wir uns entscheiden. Verkaufsgespräche am Telefon erwecken Interesse, aber wirklich verlieben werden Sie sich erst später.

Wenn der erneute Hoffnungsballon von der großen Liebe mit einem lauten Knall zerplatzt, ein Rendezvous ein echter Reinfall wird, jeder Kilometer umsonst war, der Seelenkater einen quält, dann gibt es nur eins: Kassensturz – und das Innere des Geldbeutels genau betrachten. An welcher Stelle könnten Sie sparen oder Ihr Herzensgeld zukünftig sinnvoller einsetzen? Was können Sie beim nächsten Mal bedenken? Sicherlich mit der Liebe warten, denn wahre Sympathie zeigt sich beim ersten Blick in die Augen, beim ersten Lächeln, beim ersten Händedruck. Bei einem Telefongespräch aber haben Sie nur eine Stimme, und eine SMS hat keine Augen. Nicht der Mann ist in dem Moment besonders, sondern die Situation!

Wenn Sie sich mit einen Mann verabreden, den Sie per Anzeige kennengelernt haben, dann telefonieren Sie zunächst nur kurz mit ihm, und verabreden Sie sich gleich für die nächsten Tage. Tauschen Sie vorher keine intimen Geschichten aus – auch wenn der andere nach Ihnen angelt ...

Okay, nächstes Mal machen Sie es einfach anders. Punkt. Und zum Glück erblühen romantische Gefühle ja auch verlässlich immer wieder neu. Schon morgen kann die Liebe *Ihnen* begegnen.
Was denken Sie? Wo könnte diese Begegnung stattfinden?

Ihre Schlüssel: ein Bund fürs Leben?

Er liegt schwer oder leicht in unserer Tasche. An ihm baumeln Wohnungsschlüssel, Kellerschlüssel, Autoschlüssel ... Wie viele sollen es sein, welche Türen möchten Sie gerne öffnen oder schließen? Haben Sie den Mut, hinter alle Türen zu blicken – und entbehrliche Schlüssel vom Bund zu entfernen?

Oje, ein Hausmeisterinnenbund

Haben Sie auch so viele Schlüssel an Ihrem Schlüsselbund? Für alles einen Schlüssel, einen Rat und für alles und jeden verantwortlich? »Lass das mal die Rita machen!«, heißt es, oder »Geh zur Paula, die weiß mit Sicherheit Bescheid.« Sind Sie die eigentliche Chefin der Abteilung oder der Familie? Die gute Seele, zu der alle kommen und seelisch gestärkt wieder gehen? Und? Wie fühlt sich das an?

»Ich kann nicht mehr«, jammerte ich vor vielen Jahren bei meiner mütterlichen Freundin Helga. Ständig griff jemand nach mir, zog etwas heraus, oder ich sollte etwas reichen …

- Ich wollte bedauert werden.
- Ich wollte Trost.
- Ich wollte, dass jemand sagt: »Christine, was würden die alle ohne dich machen! Wie kriegst du das bloß immer alles hin …«

Ja, ich bekam es hin. Immer und irgendwie. Probleme waren für mich wie Rätsel, kleine Kniffeleien. Ich würde die Nuss schon knacken, und dabei war es mir egal, ob es meine oder die anderer Menschen war.

»Wär doch gelacht, wenn der Peter keinen Job findet«, dachte ich und fand einen für ihn.

»Was? Es gibt keine Putzfeen mehr?« Ich schüttelte den Kopf – und eine Stunde später rief eine bei Petra an. Ich war gut, aber ich war auch müde, denn die Anfragen mehrten sich von Tag zu Tag.

Christel, kannst du nicht mal ...

Christel, ich weiß nicht mehr weiter ...

Christel, hast du vielleicht eine Idee, wie ...

Von Helga wünschte ich mir nun ein paar verbale Streicheleinheiten, aber die wollte sie mir nicht geben. »Also
bitte«, meinte sie nur nüchtern, »deine Hilfsbereitschaft
verleiht dir doch auch eine ganz hübsche Menge Macht.
Du kannst alle kontrollieren.«

Entsetzt sah ich Helga an. Auf meine Hilfsbereitschaft
reagierte sie mit einer kalten Dusche. Und sie setzte noch
einen drauf, indem sie sagte: »Und tüchtig wie du bist,
wirst du dir noch ein paar Notfälle aufhalsen.«

Plumps machte es ... Aber es war nicht die verdutzte
Christine, die vom Stuhl fiel, sondern der Groschen in
meinem Inneren. Ich begriff, dass *ich* es war, die sich zur
Hausmeisterin der Seelen gemacht hatte. Ich musste mich
nicht beschweren, dass mein Schlüsselbund zu dick geworden war, denn an ihm hingen Schlüssel zu Wohnungen, in denen ich gar nichts verloren hatte.

Bevor Sie Ihr Hausmeisterbund weiter mit sich herum-
schleppen, überprüfen Sie, ob diese Freundin ihr Problem nicht für sich allein lösen kann. Immer für andere
da zu sein gibt Ihnen vielleicht das Gefühl, unersetzlich
zu sein, das hat aber seinen Preis: Sie verbringen viel Zeit
in anderen Leben. Zeit, die Ihnen im eigenen Leben fehlt.
Außerdem sind Sie ersetzlich. Wie wir alle.

Was haben Sie eigentlich davon, wenn Sie immer ein-
springen? Haben Sie heimlich Spaß daran (so wie ich
damals)? Genießen Sie das Hochgefühl, wieder etwas zu

lösen? Wenn dem so ist, beklagen Sie sich bitte nicht. Die Probleme anderer sind dann nämlich dazu da, dass Sie sich wohl fühlen. Haben Sie das schon einmal so gesehen? Oder müssen Sie die Retterin spielen, damit Sie eine Lebensberechtigung haben? Na, das muss doch auch anders möglich sein!

Wie sieht's aus? Wollen Sie Schlüssel vom Bund nehmen und dieses unhandliche Hausmeisterding in ein schlankes Lady-Bund verwandeln? Dann müssen Sie lernen, nein zu sagen, und den Menschen zugestehen, dass sie Experten des eigenen Lebens sind. Das heißt nicht, dass Sie nicht mehr unterstützen sollen, sondern einfach genauer nachfragen, was der andere von Ihnen erwartet oder will.

Auch Unterstützung ist Verhandlungssache. Zu guten Ergebnissen führt es, wenn Sie vertrauensvoll für den anderen Menschen »da« sind, gleichzeitig aber genau und fast sachlich nachfragen, was von Ihnen erwartet wird. Erst dann können Sie entscheiden, ob Sie der Bitte oder dem Wunsch nachkommen wollen oder können, oder ob Sie lieber ein alternatives Hilfsangebot machen möchten.

Sie müssen nicht alle Wünsche erfüllen, die man an Sie richtet. Wünsche zu äußern ist das eine, sie zu erfüllen das andere. Und das eine bedingt das andere nicht, auch wenn der Wunsch noch so dringlich an Sie gerichtet wird. Ich war anfänglich auch sehr unsicher, wie meine Umwelt darauf reagieren würde, wenn ich auf einmal nicht mehr permanent zur Verfügung stand. Doch siehe da: Viele Freunde waren froh, dass ich einfach nur zu-

hörte. Manchmal wollten sie von ihren Wünschen sprechen, sie wollten einfach reden, von ihrer Welt erzählen –
und es tat allen gut, dass ich erst dann aktiv wurde,
nachdem klar war, um was es genau ging, und ich für
mich überprüft hatte, ob ich auch wirklich bereit war, die
Hilfe zu geben, die man sich von mir wünschte.

Ich stellte freudig fest, dass mich die Menschen auch
mochten und liebten, wenn ich nicht mehr zu allem einen
Rat wusste oder meinen Senf hinzufügte.

Die meisten Fragenden wollen sowieso lieber erzählen
oder ein paar interessierte Fragen hören. Die Antworten finden sie in sich. In ihrer persönlichen Handtasche
mit eigenem Inhalt, eigener Ordnung, eigenen Erleb-
nissen.

Heute be- und vergnüge ich mich eher mit dem Lösen
meiner Lebensrätsel, und nur im wirklichen Bedarfsfall
bin ich für andere Menschen da. Dann aber von Herzen
und mit Lösungsvorschlägen, die ich selbst schon auspro-
biert habe.

Der Kellerschlüssel

Liegt der Kellerschlüssel verlockend in Ihrer Hand?
Willkommen! Hier im Keller finden Sie die Unordnung
Ihrer Seele. Hier türmen sich die Symbole Ihres Lebens
in den Regalen. Manches holen Sie immer mal wieder
hervor, anderes staubt allmählich zu. Hier liegt die Erinnerung an Ihr erstes Fahrrad, Ihre Lieblingspuppe, Ihre
erste große Geburtstagsparty, den Moment, als Sie ein
ganz großes Lob bekamen, die erste Trennung. Glück,

Tränen, Hoffnungen, Freude und Schmerz, alles finden Sie im Keller. Und Sie finden sogar die Schlappen, die zu einer vergangenen Liebe gehören. Puh, wie der Staub fliegt, wenn man die Schachtel öffnet, in der die Familienbilder liegen. Oder da: die Schulhefte aus der Grundschule. Und dort: die prallen Ordner, die Sie während der Ausbildung angelegt haben. Wie viel haben Sie gelernt, und wie viel wollten Sie erreichen! Sperrmüll, Umzugskisten, ein alter Teppich und das Geschirr von Tante Lisa. Warum haben Sie das eigentlich niemals benutzt? Und da drüben, da ist noch ein Regal ... Ach, schau mal, da sind sie, die Sachen, die man braucht: Nüsse, Kartoffeln, Äpfel, Marmeladengläser und eingemachtes Obst. All das, was nahrhaft ist und sich im kühlen Keller gut hält. In manchen Kellern baumelt sogar ein saftiger Räucherschinken von einem Deckenbalken. Etwas, auf das Sie immer zurückgreifen können und das ewig haltbar ist. Vielleicht Ihre Gabe, andere Menschen zu begeistern und Dinge mit anderen zu teilen?

Ganz schön viel zu finden in so einem Keller. Besonders, wenn man länger nicht unten war. Der Keller ist unsere Basis, aber auch ein Versteck; im Parterre ist der Bereich, in den wir Menschen einladen und ihnen begegnen – hier befinden sich Küche, Wohn- und Arbeitszimmer. Im ersten Stockwerk sind in der Regel Schlafzimmer und Bad. Und vom Dachboden aus erlauben wir uns den Blick in die Ferne: in die Zukunft.

Ich persönlich finde aber gerade die Keller spannend. Denn hier werden klammheimlich Schätze und Leichen eingebuddelt. Beides soll von anderen nicht gefunden werden. Holz ist hier gestapelt, Spinnweben hängen an den Wänden, manche Regale sind schmuddelig, andere ganz sauber und gefüllt mit dem Allerlei, was ein Leben so hortet und braucht. Keller sind dunkel und auch ein bisschen gruselig. Für viele Menschen bedeuten Keller aber auch Schutz. Meine Familie hat zum Beispiel in Kellern den Zweiten Weltkrieg überlebt.

Was liegt denn hier alles herum?

Wann haben Sie das letzte Mal Ihr inneres Gewölbe aufgesucht und sich ein wenig umgesehen? Fürchten Sie den Staub, den Schmutz und Schmuddel? Ist vielleicht tatsächlich eine Leiche vergraben? Ein Geheimnis versteckt, an das Sie nicht so gerne denken? Wenn Sie nicht hinuntergehen, werden Sie nie erfahren, ob es tatsächlich so staubig ist. Unsere inneren Keller erzählen uns von den Dingen und Menschen, die einst mit uns verbunden waren. Von den Geschichten unseres Lebens. Aber anders als im häuslichen Keller, macht das Aufräumen hier richtig Spaß. Es geschieht gewissermaßen auf Knopfdruck. Wenn Sie sich entschließen, altes Gerümpel zu entsorgen, bedarf es nur eines Nickens und einer Verabschiedung – und der Müll fliegt vor die Tür. Ist Ihnen Ihr Keller zu dunkel, können Sie sich ohne die geringste Muskelanstrengung Fenster in die Wände hauen oder einen wunderbaren Lüster in die Mitte hängen. Mittels Ihrer persönlichen Visualisierung ist alles möglich …
Aber vielleicht hören Sie erst einmal dem Keller zu, was er Ihnen zu erzählen hat. In Kellern sind Geschichten und Eindrücke gespeichert. Wir schaffen alles nach unten, was uns im Leben begegnet. Um aufzuräumen, müssen wir also den Keller sichten und ihm lauschen, was er

alles in sich birgt, versteckt oder stolz ausstellt. Wenn Sie nicht gerne alleine in Keller gehen, auch nicht in den eigenen, dann nehmen Sie sich doch einen Schutzengel oder einen anderen freundlichen Geist mit. Bitten Sie ihn, dass er Ihnen zur Seite steht, wenn Sie sich von Altem befreien möchten oder Sie etwas in Ihr Leben zurückholen wollen, das schon viel zu lange im Dunkeln war. Schöne Vorstellung? Na, dann los ...

Sie gelangen in Ihren Seelenkeller, indem Sie die Augen schließen und die Treppe Ihres Seelenhauses nach unten gehen. Das können Sie morgens oder abends machen – Hauptsache, Sie haben Ruhe und Zeit dafür. Denn innere Reisen mögen keine Hetze. Vielleicht nehmen Sie sich bestimmte Aufräumaktionen vor? Sie könnten nach den Dingen schauen, die Sie nicht mehr brauchen, und nach den guten Eigenschaften, die Sie aus dem Auge verloren haben. Machen Sie sich Licht, und folgen Sie Ihrer Neugier! Neben all dem Gerümpel finden Sie in Ihrem Keller auch das, was Sie nährt und stützt. Und darum können Sie sich jetzt ein wenig kümmern. Um Ihre Kartoffeln und Nüsse, Marmeladen, Äpfel – und die Winterstiefel. Erfreuen Sie sich an den vielen sinnvollen Dingen, die Sie in Ihrem Keller haben. Einiges hatten Sie vielleicht schon vergessen oder gedacht, dass Sie es längst verloren hätten. Aber schauen Sie nur, es ist alles da! Ihre Stärke, Ihre Süße, Ihre Wärme! Holen Sie es nach oben. Betrachten Sie sich einzeln das, was für Sie wichtig ist und – warum es im Keller landete. Tragen Sie es in Ihre Wohnung, und polieren Sie es auf Hochglanz. Es darf jeder sehen, was Sie alles haben!

Ihr innerer Keller muss nicht an einem einzigen Tag aufgeräumt werden. Sie können ihn immer wieder besuchen. Er wird sich darüber freuen! Auch Keller möchten bewohnt sein. Es sind viele kostbare Kleinode darin verborgen, und alle gehören in Ihr Leben. Doch einiges ist auch überflüssig geworden, anderes hat Ihnen nie gefallen und wurde nur ungern benutzt. Zum Beispiel Sätze, die Ihnen andere Menschen einreden wollten:

»Du bist nicht der Typ für eine Bindung.«

»Du kannst nicht gut singen.«

»Du siehst nicht sexy aus, aber du bist eine Frau zum Pferdestehlen.«

Fort damit! Diese negativen Glaubenssätze (mehr dazu in »Der Talisman«) rauben Ihnen Zufriedenheit, Selbstbewusstsein und Mut. Das, was Sie nicht mehr brauchen und in einem wohlsortierten Keller sowieso nichts verloren hat, verabschieden Sie, indem Sie sich für die gemachte Erfahrung bedanken. Schließlich haben diese Situationen dazu geführt, dass Sie neue Qualitäten an sich entdeckt und nach einer durchlebten Talsohle wieder an sich geglaubt haben. Was immer es auch war: Sie sind hindurchgegangen, nicht steckengeblieben, sondern haben Ihren Mut und den Glauben an sich gefunden. Die ungute Erfahrung hat sich im Laufe der Zeit gewandelt, ist wie ein Bild neu gerahmt worden – und, siehe da, die Wirkung ist anders: Sie haben Gold aus dem gemacht, was einst als dunkler Brocken in Ihrer Hand lag.

Die Telefonnummer von einer Freundin, die keine mehr ist, übernehmen Sie ja auch nicht in ein neues Adressverzeichnis. Und eine Handtasche mit Löchern, aus der alles herausfällt, ersetzen Sie selbstverständlich durch eine neue. Sollte sich wieder solch ein »Du kannst das nicht«-Satz in Ihr Leben schleichen wollen, dann versperren Sie ihm die Tür. Für derartige Sabotagesätze gibt es in Ihrem Keller keinen Platz. Hier lagern Sie nur das, was nahrhaft ist und Sie im Leben weiterbringt.

»Könnten Sie mir bitte die Tür aufmachen?«

Zu wissen, wohin man will, ist ein gutes Gefühl. Aber manchmal scheint der Weg dorthin wie verbarrikadiert. Ich kenne zahlreiche talentierte und engagierte Frauen, die gerne beruflich weiterkommen würden. Viele Unternehmen bieten mittlerweile sogenannte Mentoring-Programme zur Unterstützung an. Ziel ist es, dass ein erfahrener (in der Regel älterer) Mitarbeiter, meist handelt es sich dabei um eine Führungskraft, einen jüngeren Mitarbeiter begleitet, diesem wohlwollende Rückmeldungen gibt und, wenn möglich, berufliche Türen öffnet. Wissen und Kontakte werden auf diese Weise weitergegeben und viele Informationen, die es braucht, um Schritt für Schritt nach oben zu kommen.

Aber ein besonders großer Fan bin ich von Frauen, die sich nicht allein auf solche Programme verlassen, sondern sich selbst auf den Weg machen. »Self Mentoring System« (SMS) nenne ich diesen beherzten Weg. Sich selbst darüber klar werden, wohin man möchte, und dann schauen, wer einen dabei unterstützen kann. Professionelle Mentoring-Programme nehmen einem diese Suche ab, doch wie bei der Heiratsvermittlung weiß man nicht, ob der »zugeführte Prinz« auch passt. Sie sollten also erst gar nicht darauf warten, dass eine Kutsche anrollt und Sie in Ihr neues Reich entführt. Obwohl ich natürlich weiß, dass unser aller heimlicher Zweitname Cinderella lautet. Schließlich hätten wir alle gerne eine Fee, die unser Glück zur »Chefinnensache« erklärt. Der Prinz kann kommen, die Fee allemal, aber wie wäre es, wenn Sie daneben auch selbst ein wenig aktiv würden? Sie tragen den Schlüssel für diese Tür an Ihrem Bund! Betrachten Sie sich all Ihre Schlüssel, und greifen Sie nach dem güldenen Schlüssel, auf dem »eigenverantwortliche Karriere« prangt. Stehen Sie auf, setzen Sie sich in Bewegung, und werden Sie Ihres eigenen Glückes Schmiedin: Da draußen gibt es eine Menge Menschen, die Sie gerne unterstützen würden, wüssten sie, dass Sie Hilfe brauchen.

FRAGEN, DIE SIE VORAB BEANTWORTEN SOLLTEN:

- Wie lautet mein Ziel genau?
- Wer hat schon, was ich noch nicht habe?
- Wer könnte mich unterstützen?
- Angenommen, ich träfe diesen Menschen fünfmal: Was könnte ich danach besser, welches Wissen hätte sich vermehrt?
- Wenn ich eine E-Mail mit meiner Bitte schriebe, wie klänge diese am prägnantesten?
- Wann will ich meinen Weg beginnen?
- Welche Tür soll sich mir öffnen?
- Werden sich Freunde und Familie mit mir freuen? Wenn nicht, warum nicht?
- Kann ich konkret etwas dafür tun, dass sie sich mit mir freuen?

Es gibt eine Reihe fachspezifischer Vereine und Verbände, in denen Menschen mit einem großen Erfahrungsschatz aktiv sind. Und die Mehrzahl von ihnen gibt ihr Wissen gerne weiter. Denn es ist eine Ehre, Mentorin oder Mentor zu sein, und mit einem Honorar nicht aufzuwiegen. Aber sein Wissen, seine persönliche Erfahrung und die besten Kontakte gibt man natürlich nur an jene gerne weiter, die sich über ihren Weg und ihre Ziele im Klaren sind.

Bevor Sie sich auf Mentorensuche begeben, überprüfen Sie Ihre Ziele lieber einmal zu viel als einmal zu wenig. Denn wenn Ihnen jemand anderes eine Tür öffnen soll, müssen Sie zumindest genau wissen, wohin diese Tür Sie führen soll. Welche Etage soll es sein? Welche Hierarchieebene streben Sie an? Wo genau haben Sie Anschubbedarf? Menschen, die gezielte Fragen stellen, kommen auch weiter. Für Mentoren ist es eine Freude, jemanden auf seinem Weg zu begleiten, der bereits seine Richtung eingeschlagen hat.

Zum Mentor wird man übrigens nicht immer *gemacht,* sondern es ist eine ehrenvolle Aufgabe, die alle Menschen dann und wann übernehmen sollten. Jeder von uns hat Kontakte und kennt sich in einer Sache gelegentlich besser aus als ein anderer, der fragt. Wenn auch Sie schon länger in einem Bereich oder Beruf arbeiten, so wird es Ihnen leichtfallen, einen Menschen »an die Hand zu nehmen«. Damit geben wir unser Wissen weiter, sorgen dafür, dass es überlebt und weiterwirkt und ein anderer Mensch darauf aufbauen kann, um einst wiederum andere Menschen zu unterstützen. Mit welchem Ihrer Schlüssel könnten Sie jemandem eine Tür öffnen?

Der alte Schlüssel

Wenn ich zu meiner Freundin nach Wien reise und mein Wiener Schlüsselbund dabeihabe, muss ich immer wieder aufs Neue mal diesen, mal jenen Schlüssel ausprobieren, bis ich den richtigen Wohnungstürschlüssel gefunden habe. Die Schließanlage des Hauses wurde bereits vor Jahren ausgewechselt, aber ich brachte es nicht übers Herz, die alten Schlüssel von meinem Bund zu nehmen. So stehe ich oft bepackt vor der Tür, halb gebückt, und gehe die einzelnen Schlüssel durch. Der nicht ... der nicht ... der! Die Schlüssel, die heute nicht mehr passen, lasse ich aus Nostalgie an meinem Bund. Nostalgie kann manchmal ganz schön hinderlich sein ...

Schlüssel sind großartige Symbole. Sie öffnen uns Türen – oder machen uns mehr als deutlich, dass wir hinter manche Türen einfach nicht mehr dürfen. Als sich meine Freundin Melanie von ihrem Mann getrennt hatte und letzte Sachen aus dem gemeinsamen Haus holen wollte, hatte ihr Exmann die Schlösser bereits ausgetauscht. Verdutzt stand Melanie vor der Haustür, die viele Jahre lang der Weg in ihr Zuhause gewesen war. Nun kam sie nicht hinein! Die einst vertraute Tür tat sich plötzlich nicht mehr auf! Melanie war ausgeschlossen, ausgesperrt und damit zu einer fremden Frau für dieses Haus geworden. Sie gehörte nicht mehr in diese Räume. Der Schlüssel, der nicht mehr passte, machte ihr das grausam klar.

Wir kennen diese Situation aus verschiedenen Büchern, Filmen und Freundinnengeschichten. »Ich wechsle das Türschloss aus!«, heißt es da ganz lapidar. Aber so simpel ist das nicht. Nicht für den, der wechselt, und nicht für den Menschen, der ausgeschlossen wird. Es bleiben Schlüssel übrig. Schlüssel in eine andere, auf den ersten Blick vielleicht bessere Zeit, Erinnerungen an das, was war, und Gedanken an das, was hätte sein können. Für Melanie, die wie eine Fremde »draußen bleiben« musste, war es ein Schock. Denn in diesem Moment musste sie begreifen, dass sie in dieses Haus und das Leben darin nicht mehr passte. Ich weiß nicht, ob Melanie den alten Schlüssel noch weiter am Bund trägt. Ich glaube nicht. Aber sicherlich fiel es ihr nicht leicht, den früheren Haustürschlüssel aus ihrem Bund zu lösen.

Einen alten Schlüssel vom Bund zu nehmen ist sehr wirkungsvoll. Etwas ist zu Ende. Entweder mussten wir gehen, oder jemand verlangte den Schlüssel zurück, oder wir lösten ihn, weil wir nicht mehr bleiben wollten. Der Abschiedssatz »Ich habe den Hausschlüssel auf den Küchentisch gelegt« sagt wesentlich mehr aus, als dass dort ein Schlüssel auf einem Tisch liegt.

Das Lösen von Schlüsseln ist immer ein Augenblick, in dem wir kurz innehalten. Was war alles gewesen? Und fügen wir dem Bund einen neuen Schlüssel hinzu, verbinden wir eine gewisse Erwartung an das, was kommt. Dieses Zurück- bzw. Vordenken kann Sie bei jedem Schlüssel treffen, egal, ob es sich um einen Haus-, Büro-, Auto- oder Fahrradschlüssel handelt.

Warum lassen wir eigentlich alte Schlüssel am Bund? Das ist nicht nur verträumte Nostalgie, sondern meist auch das mehr oder weniger bewusste Festhalten an einem vergangenen Zustand. Mit dem alten Schlüssel am Bund tun wir so, als könne der Schlüssel irgendwann einmal wieder passen. Jedes Mal, wenn uns der Schlüssel am Bund begegnet, ist dies eine Brücke zu längst vergangenen Zeiten. Natürlich bin ich meinem ausgedienten Wiener Schlüssel auch sehr dankbar. Er öffnete mir eine Tür zu meinem Wiener Zuhause, das ich so sehr liebe. »Damit du jederzeit, Tag und Nacht, nach Wien kommen kannst«, schrieb Leonore vor zwanzig Jahren, anbei ein kleines Schlüsselbund. Der Schlüssel, der in ihre Wohnung führt, erzählt eine lange Geschichte. Er erinnert mich daran, dass ich damals noch Erzieherin war. Barbara, Leonores Tochter, war noch nicht geboren. Ich war noch verheiratet mit einem Mann, der mich heute nicht mehr kennt. Leonore war gerade dabei, sich als Pianistin einen Namen zu machen. Wir haben in all den Jahren viel am Küchentisch gesessen, geraucht, getrunken und über Liebe, Freude, Leid und Weh gelacht und erzählt. Der Schlüssel trägt diese Jahre in seinem alten Bart. Er war verlässlich und treu.

Tief im Inneren traue ich dem neuen Wiener Schlüssel noch immer nicht. Fast gehe ich davon aus, dass mir der alte die Türe öffnet, falls der neue einmal streikt. Kann er aber nicht. Jetzt nicht, nachher nicht und nie und nimmer. Es ist also an der Zeit, mich von dem alten Schlüssel am Bund zu lösen, schließlich behindert er mich bei jedem Besuch. Er ist nicht mehr hilfreich, sondern macht das Schlüsselbund sperrig. Ich brauche seinen bisherigen

Platz, damit Neues in mein Leben kommen kann. Neue Schlüssel. Und ich muss ihn wegwerfen, denn alte Schlüssel, in alten Kästchen aufgehoben, machen auch keinen Sinn und nehmen weiter einen Platz ein, den sie heute einfach nicht mehr haben.

Erinnern Sie sich beim Anblick alter Schlüssel an das, was war. Seien Sie dankbar für die Türen und Erfahrungen, die er Ihnen zugänglich machte. Auch ein bisschen Wehmut gehört dazu ... Doch nun leben Sie in einer neuen Phase und sind bereit, das Leben mit all seinen Veränderungen anzunehmen. Das tun Sie, indem Sie alte Schlüssel entfernen. Unnötige Schlüssel machen das Bund schwer und mit der Zeit sehr unpraktisch. Die Schlüssel verheddern sich in Ihrer Handtasche und reißen irgendwann das Futter ein.

Verschlanken Sie sich. Nein, diesmal nicht hinsichtlich Ihrer Figur, sondern an Ihrem Schlüsselbund. Überprüfen Sie, welche Schlüssel Sie für Ihr tägliches Leben brauchen. Die Schlüssel, die nur gelegentlich von Nutzen sind, gehören an ein anderes Schlüsselbund. Für Schlüssel, die zu nichts mehr führen, ist der Platz an Ihrem Bund zu knapp. Wissen Sie bereits, um welchen oder welche Schlüssel es sich bei Ihnen handeln könnte? Nur Mut! Machen Sie die Dinger ab, und lassen Sie dadurch frischen Wind ins Leben. Eine Veränderung löst eine neue Erfahrung aus.
Sie müssen aktiv werden! Vergangene Schlüssel lösen sich nicht selbst vom Bund. Machen Sie es diesen Schlüsseln leicht, und öffnen Sie den Verschluss, damit die

Schlüssel das Bund finden, an das sie jetzt gehören. Auch Schlüssel wollen glücklich sein!

Tür auf oder Tür zu?

Manchmal weiß man einfach nicht, welche Karte die miesere ist, die, die wir auf der Hand haben, oder die, die wir gleich ziehen werden. Wenn wir gehen, gibt es einen Bruch. Bleiben wir, dann kann es ein Schrecken ohne Ende werden. »In Krisen soll man sich nicht trennen«, lautet ein weiser Spruch, denn Krisen lassen uns eine Situation schreckverzerrt und in falschen Dimensionen sehen. Unser Blick ist verstellt. Wir sind verletzt, wütend, traurig, das Leben ist konfus. Wechselnde Emotionen sind keine guten Ratgeber. Sie heizen uns auf und drängen uns zu blindem Aktionismus. So unser Leben nicht in Gefahr ist und die Seele unverletzt, empfiehlt es sich manchmal, noch einen Moment zu warten – so lange, bis wir deutlich erkennen, wohin wir jetzt am besten gehen und wie wir die gemachte Erfahrung konstruktiv für uns verwandeln können. Das Gute im Schlechten zu finden hilft uns dabei, abzuwägen und zu entscheiden. Türen schließen sich dann leichter. Das Leben ist nämlich nicht nur wie eine Handtasche, sondern auch wie eine Waage: Wir haben zwei Waagschalen, die wir befüllen dürfen. In der einen Waagschale ist das, was uns bedrückt, behindert, dem wir nachtrauern und was uns beschwert. In der anderen sind die Erlebnisse, die uns erheitern, bestärken und zuversichtlich machen. Wenn Menschen zum Beispiel einen Abschied durchleben müssen, vielleicht nach einer Kündigung, dann fällt es leicht, die dunkle Waagschale zu befüllen. Die Situation bietet es ja förmlich an.

»Ich habe mich bereits dreimal beworben, und zwei Stellen wollten mich auch, aber der Job hat dann doch nicht gepasst.« Hanna war tief enttäuscht. Es ging ihr nicht gut. Wieder war ein Traum geplatzt. »Ist es nicht toll«, fragte ich zurück, »zwei Stellen wollten dich als Mitarbeiterin? Du musst viele gute Fähigkeiten haben, dass das gleich geklappt hat.«

Hannas Gesicht hellte sich auf. So hatte sie Ihre missliche Lage noch gar nicht gesehen. Ihre Aufmerksamkeit verlagerte sich von der einen Waagschale in die andere.

Indem wir darauf achten, beide Waagschalen zu bestücken, gerne die helle ein wenig mehr, nehmen wir der Vergangenheit (etwas) ihren Schatten und schauen zuversichtlicher auf das, was kommt.

WENN MORGEN EIN WUNDER GESCHEHEN KÖNNTE, WIE SÄHE ES BEI IHNEN AUS?

- Wie blicken Sie dann auf Ihre Waagschalen zurück?
- Können Sie jetzt schon etwas umlagern?
- Gibt es etwas, das zwar negativ aussieht, aber einige positive Begleitumstände hatte?
- Was würde sich verändern, wenn Sie in die helle Waagschale blickten?
- Woran würden Sie die Veränderung bemerken?
- Was wünschen Sie sich von Herzen?
- Was wünscht sich wohl der andere?
- Welches könnte ein erster Schritt in die neue Zukunft sein?

IHRE SCHLÜSSEL

»Es ist erst vorbei, wenn es vorbei ist.«

Für mich bedeutet das, erst die Türen schließen, wenn es wirklich an der Zeit ist zu gehen – aber es bedeutet auch, dass jede Beziehung erst dann vorüber ist, wenn sie in uns selbst zu Ende ist. Sie haben verschiedene Möglichkeiten, eine Beziehung zu beenden: Den Wohnungsschlüssel vom Bund nehmen, einen Abschiedsbrief schreiben, ein »Schlussausfertig« in das Eis auf der Windschutzscheibe kratzen – aber in Ihnen wird erst dann Frieden sein, wenn Sie wissen, dass Sie wirklich gehen wollten und Ihr Abschied nicht ein verkappter Hilferuf ist, noch einmal von vorne zu beginnen. Abschiede brauchen Zeit. Denn wie heißt es so schön in dem Wiener Lied? »Sag zum Abschied leise Servus.« Dieses leise Servus bedeutet für mich, die Situation von allen Seiten zu betrachten und sich so zu verabschieden, dass eine Begegnung immer wieder möglich ist. »Man trifft sich immer zwei Mal.«

Auch aus einer noch so schmerzvollen Trennung kann ein wunderschönes Ja entstehen: Ja zu einem Neubeginn, zur Entdeckung einer persönlichen Facette, einer Leidenschaft, einem persönlichen Weg, einer Berufung, einer Fähigkeit ... Vieles wird möglich. Das ist das Geschenk für alle, die sich trauen, Türen zu schließen und etwas hinter sich zu lassen: Es eröffnet sich ein neuer Weg ...

Zwischen einem Abschied und einem Neuanfang liegt eine Zeit, ein Übergang. Dieser Übergang ist der Ackerboden, in dem fruchtbares Saatgut ruht. Manchmal führt der Weg auch wieder zurück. Eine Trennung wird aufgehoben, ein neuer Beginn gewagt. Dann ist die

Saat dafür da, dass Neues zwischen zwei Menschen entstehen kann, die sich schon lange kennen.

Übergänge sind individuell. Der eine Mensch braucht etwas länger für die Strecke, ein anderer geht sehr schnell. Lassen Sie sich bei auf einem Übergang ruhig helfen. Ich selbst bitte bei schwierigen Übergängen Menschen, die erprobte Bergführer sind, mich zu begleiten. Das sind all die Menschen, die eng mit mir befreundet sind, aber auch ausgesuchte Berater und Psychologen. Diese Menschen helfen mir, die Schlüssel an meinem Bund zu sichten, die helle Waagschale meines Lebens zu füllen. Sie machen mir Mut zu gehen. In welche Richtung auch immer.

Stufen

Wie jede Blüte welkt und jede Jugend
Dem Alter weicht, blüht jede Lebensstufe,
Blüht jede Weisheit auch und jede Tugend
Zu ihrer Zeit und darf nicht ewig dauern.

Es muss das Herz bei jedem Lebensrufe
Bereit zum Abschied sein und Neubeginne,
Um sich in Tapferkeit und ohne Trauern
In andre, neue Bindungen zu geben.
Und jedem Anfang wohnt ein Zauber inne,
Der uns beschützt und der uns hilft zu leben.

Wir sollen heiter Raum um Raum durchschreiten,
An keinem wie an einer Heimat hängen,
Der Weltgeist will nicht fesseln uns und engen,

Er will uns Stuf' um Stufe heben, weiten.
Kaum sind wir heimisch einem Lebenskreise
Und traulich eingewohnt, so droht Erschlaffen,
Nur wer bereit zu Aufbruch ist und Reise,
Mag lähmender Gewöhnung sich entraffen.

Es wird vielleicht auch noch die Todesstunde
Uns neuen Räumen jung entgegensenden,
Des Lebens Ruf an uns wird niemals enden ...
Wohlan denn, Herz, nimm Abschied und gesunde!

(Hermann Hesse)

Das Adressbuch:
Bei diesen Menschen
sind Sie zu Haus

Freundschaften sind der Dreh- und
Angelpunkt im Leben. Hinter jedem
Namen steht eine Geschichte. Es sind
Anbindungen, Adressen, denen man
eine Karte schicken kann, ein uner-
wartetes Päckchen oder eine SMS.
Wie sortiert ist Ihr Adressbuch, und
wie gut pflegen Sie die Kontakte?

»Wie schön, dass es dich gibt!«

Meine Freundin Conny schenkte mir vor zwanzig Jahren eine Karte mit eben diesem Satz. Die Karte hing sehr lange an meinem Spiegel, dann wanderte sie in mein Tagebuch, und heute hat sie in der Seitentasche meines Adressbüchleins ihren Platz. So trage ich die Karte in meiner Handtasche immer mit mir. Nicht um sie zu lesen, nicht um zu wissen, dass ich einem anderen Menschen wertvoll bin, sondern um mich zu erinnern, wie schön es ist, dass es Conny in meinem Leben gibt. Und Annette und Henni und Theo und Marlen und Jutta und Benjamin und Bernd. Wir sind eine Familie. Eine Weihnachtsfamilie. Da jeder von uns viel zu tun hat, muss es wenigstens ein sicheres Treffen pro Jahr geben – und das ist am 24. Dezember. An diesem Tag sitzen wir gemütlich zusammen, und erst zu vorgerückter Stunde öffnet sich die Tür für andere liebe Freunde.

Die Weihnachtsfamilie wurde uns nicht geschenkt. Wir mussten etwas dafür tun, das heißt pflegen, hüten und umsorgen. Viel ist passiert in all den Jahren. Trennungen, Umzüge, neue Jobs, Jutta ist mittlerweile im Ruhestand, Benjamin nach München gezogen, Marlen hat ihr Studium abgeschlossen, Annette den großen Neuanfang gewagt … Es ist immer etwas los. Wir haben Partner, die auch zur Weihnachtsfamilie gehören. Unsere Familie, die keine wirkliche Familie ist, die aber Familienrituale pflegt. Wir halten zusammen und sind auch in schwierigen Lebensfragen füreinander da. Damit der Zusammenhalt bleibt und weiter wachsen kann, müssen alle aufmerksam sein und bleiben. Eine Telefonnummer im

Adressbuch, Weihnachts- und Geburtstagsgeschenke allein genügen nicht.

Freundschaften und enge Verbindungen werden elementar, wenn die persönliche Welt oder geschäftliche Welt zu wackeln beginnt. Irgendjemand muss sie halten. Als ich vor vielen Jahren eine für mich sehr wichtige Anstellung verlor, musste ich erkennen, dass der Arbeitgeber, für den ich gearbeitet hatte, mir nicht so treu war wie ich ihm. Wie viele Tage und Überstunden hatte ich dort verbracht ... Aber an einem Dezembermorgen genügte eine E-Mail der Personalabteilung, dass man mich ab Januar nicht mehr in demselben Umfang brauche wie bisher. Das war sehr schmerzvoll, und ich war enttäuscht. Heute sind die Wunden verheilt, und ich arbeite auch ab und zu wieder für dieses Unternehmen. Mein Engagement hat sich allerdings verändert: Jetzt haben meine Freunde Priorität und Menschen, die zu mir standen, als meine berufliche Welt zusammenbrach.

»Mach dich selbständig«, meinte Helga damals. »Ich werde immer eine warme Suppe für dich haben.«

»Brauchst du Geld?«, fragte Malu.

»Soll ich noch mal über die Konzepte gehen?«, bot Bernd an.

»Möchten Sie nicht diese Supervision übernehmen?«, stand in einer E-Mail des Kunden, den ich erst ganz kurz kannte.

Ich war nicht »sozialverträglich outgesourced«, sondern unsanft vor die Tür gesetzt worden. Umso wichtiger waren nun Menschen, die zu mir standen. Meine Mutter machte mir Mut: »Du wirst es schaffen!« Andere sprachen mir gut zu oder unterstützten mich mit interessanten Adressen. Mein Umfeld ließ mich nicht allein. Alle waren sie damals da – doch wo bin ich heute? Irgendwo zwischen Frankfurt, München, Weimar, Wien?

• Wann habe ich einer Freundin oder einem Freund das letzte Mal gesagt: »Schön, dass es dich gibt!«?
• Wann habe ich das letzte Mal einen spontanen Kartengruß verschickt?

Freundschaften machen ein Leben bunt und sicher. Diese Menschen sind für uns da – Geschäftspartner haben Bürozeiten.

Die Seile, die zwischen eng befreundeten Menschen entstehen, können sehr fest werden. Sie können sich daran festhalten, darauf tanzen und Sie als Sicherung im Leben betrachten. Die Seile halten nicht immer so lang, wie wir uns das wünschen. Manche sind auch gar nicht so fest, wie sie auf uns wirken. Und von manchen Seilen fallen wir runter, weil sie losgelassen wurden. Das ist auch mir schon passiert, aber das hält mich nicht davon ab, an Menschen und Freundschaften zu glauben. Nur, weil ich ab und zu Schürfwunden abbekomme, werde ich diese Tänze nicht beenden. Manchmal wird genau zu dem Zeitpunkt, an dem ein Seil zerreißt, ein neues Band geknüpft. Und wird Vertrauen an einer Stelle missbraucht, wird es an anderer Stelle geschätzt. Seile, die gerissen sind, können sich auch wieder knüpfen. Wenn alles ausgesprochen wurde.

Ich gestalte meine Freundschaften aktiv mit, das heißt, ich bin auch dafür mitverantwortlich, wenn eine Freundschaft bricht – und der festen Überzeugung, dass auf höherer Ebene nichts von dem verlorengeht, was ich Gutes durch diese Freundschaft erfahren durfte. Auf diese Weise kann ich auch die Freundschaften noch schätzen, die nicht mehr existieren. Die wertvolle Energie dieser Freundschaft bleibt, und so danke ich auch den Menschen, die heute nicht mehr in meinem Adressbuch stehen.

Trost

Es geht nichts verloren.

Kein Kuss, kein Lächeln der Augen.
Keine Wärme, die einst floss.
Alles bleibt geborgen und heil im Garten der Liebe.
Egal, was mit uns geschah.
Egal, was wir geschehen ließen.
Egal, mit welchen Worten wir einander verletzten.
Das, was einmal war,
die Nähe, das Gute, das Schöne,
bleibt heil.
In diesem Garten der Liebe,
den wir wieder betreten werden.
Später, wenn wir nicht mehr sind.

Es geht nichts verloren.

Nichts von alledem, was war,
und nicht nichts von dem, was hätte sein können.

Gute Pflege

Dass gute Kontaktpflege wichtig ist, wird uns auf jeder noch so banalen Visitenkartenparty gelehrt. Wenn man etwas von anderen Menschen will, muss man sich um sie bemühen. Im Job leuchtet uns das ein. Unsere Kollegin unterstützt uns auf Dauer nicht, wenn wir ihr unhöflich begegnen und immer nur vorbeikommen, wenn wir etwas brauchen. Aber wie sieht es denn bei Ihnen mit der Freundschaftspflege aus?

Öffne ich meine Handtasche, finde ich meinen Kalender sofort. Darin habe ich die Geburtstage von Kollegen und Geschäftspartnern notiert und wann wir uns auf jeden Fall treffen oder treffen könnten. In meinem Notizbuch sind sogar Geschenkideen für sie vermerkt. Auf berufliche Anfragen kann ich sofort reagieren. Alle Projekte sind in meinem Kopf. Doch werde ich in letzter Zeit gefragt, wie es der einen oder anderen Freundin oder meiner Mutter geht, dann zögere ich und weiß es nicht so recht. Wann hat Jutta noch mal Geburtstag? Irgendwann im Sommer ... Wann habe ich zuletzt mit Conny telefoniert? Ist es wirklich schon wieder ein paar Wochen her? Im Grunde kein Problem, denn vertrauensvolle Bindungen halten Pausen erfahrungsgemäß aus. Aber ich frage mich, ob das so sein muss und ob ich auf Kosten jener Verbindungen, die tragend sind, weniger wichtige Verbindungen lebendig halte. Meine Freundinnen und meine Familie gehören zu meiner Basis. Hüte und pflege ich diese Freundschaften so, dass sie mir erhalten bleiben und nicht zu einer liebevollen Erinnerung verblassen?

Die Wertigkeiten haben sich verschoben – und ich glaube, nicht nur bei mir. Viele Menschen leben unter Druck und kommen dem eigenen Leben und damit dem, was wirklich zählt, nicht mehr richtig hinterher. Wir beginnen, einander zu vernachlässigen. Haken Freundschaften leichtfertig ab. Würfeln private und Businessadressen im Adressbuch bunt durcheinander. Und dort, wo wir früher Freundinnenabend und Rendezvous im Kalender notierten, stehen jetzt *Termine*.

Seine Basis zu hüten, setzt voraus, dass man die Basis kennt. Ihre Lebensbasis werden vermutlich weder Ihre Parfümflakons noch Ihre Schuhe sein. Auch an Ihre Kollegin oder Ihren Chef werden Sie nicht augenblicklich denken, sondern vielmehr an Menschen, die Ihnen seit Jahren treu zur Seite stehen. Die Freundinnen, die Sie nicht nur anrufen, sondern die *da* sind, wenn es wirklich brennt (und das sind oft ganz unattraktive Fälle wie zum Bahnhof bringen, einkaufen, das Kind zur Schule fahren oder handfeste Unterstützung bei einem Projekt). Die wirklichen Unterstützungen im Leben, sind Sie sich ihrer bewusst?

- Welche Menschen stehen Ihnen am nächsten?
- Wie leben Sie die Verbindung zu diesen Menschen?
- Wie oft gehen Sie mit einer Kollegin Kaffee trinken, aber sagen Ihrer besten Freundin ab?
- Begegnen Sie Ihrem Partner mit dem gleichen Respekt wie Ihrem besten Kunden? Oder muss er Sie mit allen Gefühlswallungen akzeptieren?
- Ist die Begegnung mit Ihrer Mutter/Ihrem Vater eine Last, oder haben Sie wirkliches Interesse an ihnen?

Jenen Menschen, die wir »echte Freunde« nennen, sollten wir mit achtsamer Sorgfalt begegnen. Das beinhaltet Höflichkeit, Respekt und Wohlwollen. Aber an erster Stelle braucht Freundschaftspflege Zeit in der Sie sich der Freundschaft zuwenden. Das können Gedanken, Briefe, Anrufe und natürlich auch Besuche sein.

Für mich ist Freundschaft wie eine Katze mit samtweichem Fell. Sie schnurrt und kuschelt sich an mich, wenn ich traurig bin, brummt mich an, wenn ich im Leben steckenbleibe, faucht, wenn ich mich in die falschen Männer verliebe – und sucht sich ein neues Zuhause, wenn ich mein Leben nicht mehr mit ihr teile.

Je mehr wir zu tun haben, je öfter wir beruflich reisen müssen und je häufiger uns Projekte absorbieren, die uns inhaltlich von unseren Freunden trennen, desto schwieriger wird dieser Drahtseilakt. Wenn man mir aber per Massen-SMS einen unpersönlichen Neujahrsgruß schickt, lösche ich diesen auf der Stelle. So will ich nicht behandelt werden. Nicht von »echten Freunden«.

ES GEHÖRT MUT DAZU!

Sie brauchen Mut, wenn Sie wirkliche Freundschaftspflege betreiben wollen, denn Sie müssen lernen, nein zu sagen. Nein zu flüchtigen Bekannten und Kollegen.

Nein zu Netzwerktreffen.

Nein zu Menschen, die Sie zwar mögen, die aber nicht zu Ihrer Basis gehören.

Eine Auswahl mit Augen- und Herzmaß ist dann fällig.

Nicht immer einfach, denn es gilt, Rückgrat zu beweisen, wenn Sie einen Kreis von Menschen bevorzugen und das sogar noch äußern.

Durchaus möglich, dass sich manch einer, der nicht mit »Ausrufezeichen« in Ihrem Adressbuch steht, abgewiesen fühlt und enttäuscht auf Ihre Absage reagiert; denn für ein Nein haben zwar echte Freunde Verständnis, oberflächliche Bekannte jedoch nicht. Halten Sie das aus? Nicht nur die schlechte Laune, sondern auch die Spannung, die das mit sich bringt? Immer dann, wenn wir einem anderen Menschen den Vorrang geben, rückt jemand anders damit zwangsläufig in die zweite oder dritte Reihe. Aber es allen recht machen zu wollen, führt ganz schnell dazu, dass wir plötzlich nur noch Kontakte statt Freundschaften pflegen.

Der Gewinn, den Ihnen Freundschaften bringen, ist hoch. Es ist die beste Rendite, die ich kenne. Sie haben Menschen, die Sie begleiten und die sich auch dann nicht zurückziehen, wenn Sie launisch und zuweilen sogar unausstehlich sind. Wirkliche Freunde melden das zurück. Bekannte und Kollegen zucken bloß mit den Achseln, zeigen Ihnen stillschweigend einen Vogel und gehen auf Distanz. Wir brauchen aber diese »Was ist denn mit dir los?«-Rückmeldungen, damit sich die schlechte Laune in eine bessere Verfassung wandeln kann. Jemand, der nur mit den Achseln zuckt, hilft uns nicht weiter. Freunde hingegen unterstützen uns darin, einen Gewinn aus unserer schlechten Laune zu ziehen ...

Kollegen sind auch nur Menschen

O ja ... und zwar in Ihrem direkten sozialen Umfeld. Oft verbringen wir sogar mehr Zeit mit unseren Kollegen als mit der eigenen Familie. Da ich viel alleine arbeite, freue ich mich sehr, wenn ich gelegentlich ein Projekt mit Menschen teilen kann. In manchen Teams arbeite ich regelmäßig mit. Für mich sind Teams ein Genuss. Meine Kollegen hingegen, die langfristig mit immer denselben Menschen berufliche Aufgaben teilen, beschreiben mir das Teamdasein oft als eine Last.

Sie fühlen sich in einer Businesstasche eingesperrt. Sie sagen, sie könnten viel effektiver arbeiten, wenn sie frei wären. Frei in der Wahl des Schreibtisches, der Kollegen und des Equipments. Frei in der Gestaltung des Tagesablaufs und im Kommunikationsstil. Doch bei den meisten Festanstellungen ist daran nicht einmal zu denken. Man muss sich einfügen, zusammenraufen und als Team Höchstleistung erbringen. Das ist eine hohe Kunst. Denn ein Team fordert uns auf allen Ebenen unseres Seins. Wir müssen erdulden, dass Teammitglieder ein anderes Tempo haben, eine andere Arbeitsstruktur, anders sprechen, mehr oder weniger Erklärungen benötigen und sich auf den Schlips getreten fühlen, wo wir nur mit den Augen rollen. Wir müssen miteinander auskommen, den ganzen Tag über und zuweilen in Großraumbüros.

Pflegeanleitung für Businesstaschen

Jede Businesstasche ist anders gepackt, jeder Businesskoffer hat eine andere Logik. Manchmal blickt man schier nicht mehr durch. Es ist eine große Herausforderung, mit Menschen zu arbeiten, die alle anders sind als die Menschen, die man gern als Freunde um sich schart. Aber: Wir können davon lernen und daran wachsen.

Der Begriff Team stammt aus dem Altenglischen und bedeutete einst Familie oder Gespann, Nachkommenschaft. In der beruflichen Welt versteht man unter Team den Zusammenschluss von mehreren Personen, die (oft auf Zeit) ergebnisorientiert zusammenarbeiten.

Die Teammitglieder in einem Unternehmen haben sich nicht freiwillig zusammengefunden. Der neue Kollege kommt, ein anderer Kollege geht, eine Kollegin kehrt aus dem Mutterschutz zurück, wieder eine andere wird versetzt, Mitarbeiter werden in andere Teams eingegliedert, oder es wird fusioniert. Aufgaben rollen heran, es muss entschieden, agiert und argumentiert werden – und manchmal bleibt nicht einmal die Zeit, um sich zu beschnuppern.

Besonders gefährlich sind daher die Schubladen, in die man seine Kollegen stopft. Tatsächlich sind Schubladen zunächst wichtig, um sich von einer Situation ein Bild zu machen. Ist die Schublade aber tendenziell negativ, hat Ihr Kollege kaum noch eine Chance.

Verschlossene Schubladen erkennt man an Sätzen wie:

- Bei der musst du nicht anrufen, die nimmt das Telefon nie ab, wenn Arbeit droht.
- Den brauchst du gar nicht fragen, der kennt sich nur da aus, wo er will.
- Der ist so, der bleibt so, der wird immer so bleiben.
- Ich hab längst versucht, dem was zu sagen, aber der ändert sich nicht.
- Montags ist die sowieso mies drauf. Da kannst du den Kalender nach stellen.

Erst freundliche Neugier zieht Schubladen wieder auf und gibt Menschen den Respekt zurück. Ist die Kollegin montags wirklich immer griesgrämig, und wenn ja, warum wohl? Wer neugierig ist, beginnt zu fragen – und Fragen helfen uns dabei, andere Menschen genauer wahrzunehmen und ihre Handlungen zu verstehen.

»Du sprichst mir zu oft mit Ausrufezeichen!«, beschwerte sich während einer Teamsupervision eine Kollegin bei der anderen.

»Wie bitte?«, fragte diese empört zurück – und das war der erste Regentropfen nach einer langen Zeit der Fragezeichendürre. Das Dumme dabei war nur: Es handelte sich auch diesmal nicht um eine Frage, sondern um einen weiteren Ausrufezeichensatz à la »von wegen!«.

Sie können sich denken, dass sich die beiden Frauen sofort wieder in der Wolle hatten, zumal das Gespräch mit einem Ausrufezeichensatz eröffnet worden war. Freundliche Neugier funktioniert anders …

Ausrufezeichensätze bevormunden und stellen den Sprechenden besserwisserisch über das Gegenüber. Als Reaktion macht der andere dicht oder überlegt, wie er jetzt am besten kontern könnte, um sein Gesicht zu wahren. Das Ergebnis ist ein Schlagabtausch und bestimmt kein konstruktives Gespräch. Die Tendenz, anderen Menschen zu sagen, wie sie eine Sache sehen sollten, statt danach zu fragen, wie diese es sehen, nimmt nach meinen Beobachtungen drastisch zu.

- »Ich weiß doch, dass dir das guttut!«, sagt Ihre Mutter und stellt Ihnen ein Stück Apfelkuchen hin, obwohl Sie gerade ein paar Pfunde abnehmen möchten.

- »Du machst jetzt mal Pause!«, befiehlt Ihre Freundin und rückt Ihnen auf die Pelle.
- »Ich sehe, Sie brauchen dringend frische Luft!«, trällert Ihre Kollegin und reißt mal eben alle Fenster auf.

Wir wissen nicht, warum und wieso unsere Mitmenschen so handeln, wie sie handeln. Das gilt auch für Kollegen. Wir müssen es akzeptieren, dass andere Menschen anders sind als wir und sich nach eigenen Gesetzmäßigkeiten auf der Welt und im Büro bewegen. Das, was Ihnen leichtfällt, ist für andere eine Hürde. Die Themen, in denen Sie Unterstützung brauchen, sind für andere ein Klacks.

Fragen signalisieren Interesse. Dadurch kann sichtbar werden, was der andere will, und nicht das, was Sie vermuten. Was sichtbar ist, kann besprochen werden – so bekommen nicht nur die Kollegen, sondern auch Lösungen eine Chance.

Ihr Handy:
Sind Sie immer
auf Empfang?

Ihr Telefon. Ihr Kalender. Ihre Daten-
bank. Ihr Discjockey. Ihr Gedächtnis.
Ihr Handy ist Ihr Diener ... Aber sind
Sie sich da so sicher? Können Sie Ihre
Zeit wirklich noch selbst verwalten,
und haben Sie die verschiedenen
Klingeltöne fest im Griff? Schlägt das
Herz der Rebellin noch in Ihnen?
Stellen Sie es ein wenig lauter, damit
es das Anrufsignal übertönt ...

Ich bin da, aber wo bin ich?

Ich will nicht mehr von Leuten, die im Auto sitzen, angerufen werden. Und ich werde ab heute auch nicht mehr telefonieren, während ich gleichzeitig die Spülmaschine ausräume oder hektisch durch den Supermarkt marschiere und die Gewürze partout nicht finde. Ich will mir kein Handy mehr zwischen Schulter und Unterkiefer klemmen. Das sieht blöd aus und macht mich total verspannt. Weil ich nur eine Hand frei habe, kullern mir die Wasserflaschen aus der Hand und die Brötchen aus der Tüte. Es ist kein Großeinkauf, nur schnell ein paar Kleinigkeiten für die Pause.

»Ja, ja, gleich.«

Mitleidig sieht man zu mir herüber. Ich bin die Schwester von Quasimodo. Gebeugt, bucklig und ungelenk.

»Wo erwisch ich dich denn grad?«, fragt meine Kollegin durchs Telefon.

»Ich bin ...«, versuche ich zu erklären und spüre den genervten Blick der Kassiererin.

Ich bin ... weder Ally McBeal noch Carrie, und überhaupt, dies ist keine amerikanische Serie, und es werden auch keine Lachkonserven eingespielt.

»Ich bin ...«, fange ich noch einmal an. Ja, wo bin ich denn nur? Hat irgendjemand etwas von meiner Antwort? Ja. Mein Telefonanbieter. Alle anderen zahlen bei diesen Gesprächen drauf.

Wir können ständig und von jedem Ort aus kommunizieren. Aber sprechen wir auch wirklich miteinander? Was ist zum Beispiel mit der Frau im Zug? Sie will einem Geschäftspartner etwas erklären und belauert dabei aufgeregt das Netz. Ist sie noch vernehmbar, oder wackelt die Verbindung schon?

»Sind Sie noch da?«, ruft sie hinein und wird das Gleiche wieder zurückgefragt.

»Ja, ich bin da!«, probiert sie telefonisch zu vermitteln – obwohl das gar nicht stimmt.

Kommunikation benötigt Energie. Doch wir telefonieren, wenn wir nebenbei einkaufen oder mit den Augen im Internet verhaftet sind. Eine Lightversion: Wir sind nur mit einem kleinen Anteil unserer Aufmerksamkeit zugegen, der Großteil ist mit anderem beschäftigt, zum Beispiel mit der Website, auf die wir gerade klicken. Multitasking ist eine Fähigkeit, die einhellig Frauen zugesprochen wird. Und die lässt sich ausbauen und trainieren. Aber wie viel Inhalt kommt wirklich noch an, und was bringt Ihnen so ein Gespräch? Was erfahren Sie an Freude, Information, Austausch und tatsächlicher Begegnung?

Echte Gespräche am Telefon sind, genau genommen, gar nicht so leicht, denn wir müssen uns dabei konzentrieren. Da uns die Mimik unseres Gegenübers fehlt, sind wir gezwungen, ganz auf die Färbungen der Stimme zu hören. Damit dies gelingt, müssen wir präsent sein oder, wie man so schön sagt, »ganz Ohr«. Jemandem sein Ohr zu leihen oder gar zu *schenken,* ist ein Akt der Hinwendung und gelingt nicht nebenbei. Dafür spüren wir Menschen es zu schnell, wenn wir nicht wirklich beachtet werden. Da mag der Computer noch so leise klicken oder die Motorengeräusche noch so leise surren. Manche Gespräche bedürfen hundertprozentiger Zuwendung und Muße. Wir wollen gehört werden, und zwar mit allen Zwischentönen. Natürlich gibt es auch intensive Gespräche, wichtige telefonische Abgleiche und schnelle Absprachen. Aber, Hand aufs Herz, wie oft telefonieren Sie nur »zwischendurch«? Gespräche in kleinen Zeitlücken, mit Ihrem Mann, Ihrem Kind, Ihrer Freundin, Ihrer Geschäftspartnerin. Alles Gespräche, die sich gerade mal so ergeben … mit halbem Ohr, obwohl der liebe Gott Ihnen zwei Ohren mitgegeben hat.

»Du, wir können, wenn du magst, jetzt streiten, ich sitze gerade in der Abflughalle und habe noch zehn Minuten Zeit!«

Eigentlich haben bestimmte Themen und Menschen eine exklusivere Zeit verdient …

Schenken wir Menschen unsere volle Aufmerksamkeit, so ist das eine Wertschätzung. Und Wertschätzung macht glücklich, denn sie korrespondiert mit unserem Grundbedürfnis nach Anerkennung und Liebe. Dabei sagt die Minutenanzahl eines Gesprächs über die Intensität der Begegnung nicht viel aus. Denn es sind echtes Interesse und tatsächliche Aufmerksamkeit, die zwischen Menschen wirken. Der Mann, der mit Ihnen spricht und über Ihre Schulter hinweg andere Frauen taxiert, wird keinen Blumentopf gewinnen – zumindest nicht bei Ihnen. Sie haben es gemerkt, also hat er schon verloren. Er war nicht da. Nicht bei Ihnen. Nun hat er den Salat.

Da zu sein, voll in diesem Moment, ganz bei einem Menschen, das können ein Lächeln, ein Blick in die Augen, eine Berührung mit der Hand und genaues Zuhören sein: »Mag die Welt da draußen vielleicht auch toben, jetzt bin ich bei dir.«

Hingabe trägt dazu bei, dass zwischen zwei Menschen etwas wachsen kann; denn es entsteht eine Ruhe, Ausgeglichenheit (im wahrsten Sinne des Wortes). Eine Insel im zerfaserten Telefonland.

»Ständig und überall herrschen Stress und Hektik … lass eine Glocke über uns beiden niedergehen.«

Die Ruhe, die von einem solchen Moment ausgeht, wirkt sich auch auf alles andere im Leben aus.

Was aber, wenn Sie unter immensem Druck stehen und volle Konzentration nicht möglich ist? Ich habe gute Erfahrungen damit gemacht, gleich zu Beginn zu erklären, wie viel *echte* Zeit mir gerade möglich ist. Sollte die nicht ausreichen, dann verabrede ich mich zu einem späteren Gespräch. Und dann werde ich da sein. Voll und ganz.

Alles eine Frage des Empfangs

Ich sehe das Schöne. Ich sehe die junge Frau, die mich bedient. Ihr Gesicht ist klar, und ihre Augen strahlen Offenheit aus. Ihr Haar ist locker nach hinten gebunden. Der Schmuck, den sie trägt, ist golden und ihr Lächeln zurückhaltend. Ganz fein.

An manchen Tagen muss ich mich allerdings sehr konzentrieren, damit ich das Schöne um mich herum wahrnehme und nicht in dunklen Gefühlen daherlebe. Es ist, als würde ich in meiner eigenen Seele zappen: Ständig schwappen neue Gefühle auf mich ein, und wenn ich nicht aufpasse, ist mein Gemüt mit Heavy Metal getränkt. Unbewusst habe ich nur noch harte Töne in meine Seele gelassen. Dass ich keine sanften Töne in mir höre, erkenne ich dann plötzlich an den Sätzen, die ich denke. Ständig geht mir etwas auf die Nerven – die konfusen Radfahrer, die roten Ampeln, das schreiende Kind, der zu warme Herbst, meine vielen E-Mails, der Nachbar, der im Hausflur niest, und vor allem Menschen, die einen Apfel viel zu laut essen. Dann könnte ich platzen, wenn ich an bestimmte Menschen denke – und denke dann dummerweise immer wieder an sie. Ich möchte vor Wut weinen, weil nichts so klappt, wie ich es will.

Miese Sendung. Ich sollte überprüfen, ob ich den Empfang justieren kann. Wie deutlich sind die Wellen, die mir Schönes senden wollen? Lasse ich diese Botschaften überhaupt hinein? Findet meine Seele hier ein gutes Netz? Gibt es denn nur noch Stress und Nerv und übelgelaunte Menschen? Und die mit der übelsten Laune, das bin ich! An diesen Tagen macht meine Handtasche regelrecht dicht: Sie trotzt und gibt mir nie das, was ich brauche. Ich muss wühlen, wenn das Handy klingelt, da ich es in dem Wust nicht finde. Es hat einen grauenhaften Klingelton. Meine Tempos haben sich versteckt, es ist kein Bonbon da – und überhaupt, die ganze Tasche ein einziger Müll. Verflixt!

Unsere Welt ist Polarität. Licht und Schatten. Schwarz und Weiß. Eins und Null. Verrat und Vertrauen. Blumen und Asphalt. Sonne und Regen. Alles ist da. Auch das Handy, auch die Tempos, auch die Bonbons. Vielleicht nicht immer alles auf einmal, aber es ist alles da. Oft scheint es zwar von dem Unschönen mehr zu geben. Unordnung, so weit das Auge reicht. Doch sicher ist auch Ordnung irgendwo.

Das Ungute im Leben ist wie eine Leinwand. Wir können unsere Ängste und Unsicherheiten darauf projizieren. Wenn wir von einer Kollegin genervt sind, sind wir augenblicklich vom eigenen Leben abgelenkt. Stundenlang und immer wieder können wir erzählen, wie fies, bescheuert, dumm oder gemein die andere war. Und gleich am nächsten Tag sitzen wir wieder im Büro, und prompt geht uns die Kollegin wieder auf die Nerven, weil sie schon wieder einen blöden Apfel so laut isst. Nicht selten sind es die kleinen Dinge, die große Konflikte auslösen können. Aber es ist nicht der eine Tropfen, der das Fass zum Überlaufen bringt. Oder die Zahnpastatube, die nicht richtig zugedreht. Auch nicht das eine falsche Wort ... Denn hinter dieser kleinen Ursache versteckt sich stets eine große. Abendfüllende Geschichten könnten uns Fass, Zahnpastatube & Co. erzählen.

Haben Sie sich schon mal gefragt, ob Sie sich möglicherweise gerne über diese Kollegin, die Eltern oder Ihren Partner ärgern? Dass Ihre eigene schlechte Laune dank dieser Kollegin mit Apfel endlich einen Grund gefunden hat? Auch wenn's erst mal schwerfällt: Sollten Sie sich bereits morgens dabei ertappen, gereizt auf das laute Apfelkaugeräusch zu warten, dann wissen Sie, dass diese Kollegin Ihnen einen Liebesdienst erweist. Apfelessende Kolleginnen lenken nämlich vom eigenen Schatten ab. Man könnte sich bei diesen Menschen eigentlich bedanken. Hilfreicher wäre aber, sich selbst ein wenig auszufragen: Mit was gehen Sie sich selbst so auf die Nerven, dass Sie die Kollegen als Katalysator brauchen?

Sobald Sie die Antwort kennen und wissen, was Sie nervt, angespannt und bockig macht, können Sie damit anfangen, etwas daran zu verändern. Schon die Akzeptanz einer möglichen Veränderung zeigt eine Wirkung. Jetzt können Lösungen gefunden werden und Sonnenstrahlen Sie erreichen.

Plötzlich bemerken Sie, dass der Ober doch sehr freundlich ist. Schauen Sie mal, wie nett der lächeln kann, wenn Sie ihm nun auch ein Lächeln senden ... Und hören Sie nur, wie herrlich die Amsel auf dem Dach ihr Liedchen trällert. Wo man hinschaut, nette Leute. Haben Sie in den letzten Stunden ein paar schöne Signale wahrgenommen? Sind Ihre Sinne auf Empfang?

- Legen Sie Ihre Lieblingsmusik auf.
- Sagen Sie einem Menschen, wie sympathisch Sie ihn finden.
- Verschieben Sie eine unliebsame Erledigung auf morgen.
- Lesen Sie ein schönes Gedicht.
- Nehmen Sie alle Komplimente an, die man Ihnen heute schenkt (und die morgigen auch!).

»Mit dir kann man ja nicht reden!«

O, wie praktisch! Offenbar gibt es jemanden in Ihrer Umgebung, dem Sie die Schuld zuschieben können! Ein Mensch, der Sie nie, nie, nie versteht und der immer, immer, immer wieder dafür sorgt, dass Durcheinander, Missklang und Streit entstehen. Das ist ja allerhand, dass man so mit Ihnen umgeht! Ich würde mir das nicht bieten lassen! Es sei denn, und ich gebe es ehrlich zu, ich will mich gerade als Opfer fühlen. Als hätte ich bei dem Streit gar nicht mitgewirkt und mitgeredet. Als sei es der andere, der die Kommunikation komplett gestaltet. O ja, solche Menschen gibt es. Blöd, dass man dennoch an dem Geschehen beteiligt ist und trotz aller Opfergefühle Verantwortung dafür trägt. Ich kenne die Situation aber auch andersherum. Dann bin ich das schwarze Schaf und trage alle Schuld an dem Disput. Da baut sich jemand vor mir auf und sagt: »Alles nur deinetwegen!« Hat man Ihnen das auch schon einmal gesagt? Am Telefon oder per SMS? Vielleicht hätte ich antworten sollen: »Weil du auch nie hören willst!« Aber das bringt gar nichts, das kennen Sie vielleicht noch aus Ihrer Kindheit. Erst haute man im Sandkasten dem bösen Mädchen das Schippchen auf den Kopf, und dann haute es zurück. Aua! Gelernt haben wir dadurch nicht viel. Und wir lernen auch heute nichts dazu, wenn wir selbstgerecht die Arme vor der Brust verschränken und mit dem Finger auf unser Gegenüber zeigen. Am Telefon wird das zwar nicht gesehen, aber es ist spürbar. Nicht umsonst hängen sich Mitarbeiter in Call-Centern »Lächelbilder« an die Wand. Ein Lächeln auf den Lippen führt weiter, verschränkte Arme blocken ab. Telefongespräche sind an diesem Punkt meist zu Ende. Als es noch Hörer gab, knallten wir einfach auf. Mit einem Handy gelingt diese große Geste nicht mehr. Zurück bleibt dennoch das »Ich ruf nicht mehr an!«-Gefühl – und zwar auf beiden Seiten.

Ich-Botschaften statt Anschuldigungen

Beziehungen sind lebendige Prozesse, an denen mindestens zwei Menschen beteiligt sind. Es kann passieren, dass diese aneinander vorbeireden oder -agieren. Wird nicht darüber gesprochen, staut sich etwas auf, bis es sich in einem Gewitter entlädt und es Schuldzuweisungen hagelt.

»Du bist ...« »Nein du!«

Sätze, die mit »Du bist« beginnen, sind wie ein Etikett, das Sie dem anderen auf die Stirn kleben. Alle Menschen sollen gefälligst lesen, was dieser Mensch für einer ist ... Aber würden Sie einem Menschen solch ein Etikett nicht nur verbal, sondern auch real verpassen? Würden Sie ihm einen Zettel an den Rücken heften, auf dem steht »Dieser Typ hört nie zu, und verstehen tut er auch nichts«? Oder würden Sie zögern, weil es vielleicht doch nicht ganz so stimmt? Weil Menschen verschiedene Seiten und Anteile haben und Sie, genau genommen, nicht wirklich und 150-prozentig wissen, ob Ihr Urteil über Ihr Gegenüber wirklich 150-prozentig sicher ist. Vielleicht kann er ja doch in manchen Situationen zuhören. Nur jetzt und Ihnen nicht ...

Wenn Sie eine Beziehung trotz Konflikten lebendig halten wollen, erzählen Sie von sich, und stellen Sie dem anderen interessierte Fragen. »Wie hast du unsere Auseinandersetzung erlebt?« – »Was ist dir wichtig?« – »Darf ich dir erzählen, wie es mir ergangen ist?« Ich-Botschaften und Fragen helfen, ein Gespräch in Fluss zu halten oder wieder in Fluss zu bringen. Denn die Gesprächspartner sind auf gleicher Augenhöhe. Wenn Sie möchten, dass sich eine Beziehung wieder bessert, so sind Anerkennung und Wertschätzung wertvollere Zutaten als Abmahnungen und Besserwisserei.

Suchen Sie also aktiv das Gute, damit sich die Schatten-
seiten wieder relativieren. Können wir uns selbst und anderen verzeihen, ist Frieden möglich. Frieden und Verzeihen geben der Seele Ruhe. Indem wir uns einander
zuwenden und hören, was der andere uns erzählt, uns
mitteilen will, lässt sich das Gespräch wieder aufnehmen.
Zuhören setzt voraus, nicht sich selbst, sondern erst einmal die Inhalte in den Mittelpunkt zu stellen und zunächst das zu thematisieren, was die Beziehung oder
Freundschaft weiterbringt. Vorhaltungen hören jetzt
auf, und Beschuldigungen finden endlich ein Ende. Jeder
sieht das, was er selbst zu dem Konflikt beigetragen hat
und an welchem Punkt er selbst an mangelnder Anerkennung oder Liebe leidet. Haben wir das erkannt und
formuliert, wird sie uns vielleicht gegeben! Solange es
Hoffnung auf ein Gespräch, auf Fragen, Antworten und
Zuhören gibt, sollten Sie die Chance auf Verständigung
und Versöhnung nutzen.

Gibt es einen Menschen, der möglicherweise auf Ihren
Anruf wartet?

Komm runter, Honey!

Ist Ihr Kalender im BlackBerry auf dem aktuellen Stand?
Stimmt die Datenbank? Waren Sie heute schon effektiv
und effizient? Noch nicht? Na dann: herzlichen Glück-
wunsch! Am Ende waren Sie nicht einmal produktiv,
haben keine Zeit gemanagt und keine Prioritätenlisten
abgearbeitet ... Oder haben Sie vielleicht neue Prioritäten
gesetzt, indem Sie zum Beispiel Seelenhygiene, Entspan-

nung, Muße oder Kreativität in Ihre Liste aufgenommen haben?

Ich kenne Managerinnen, die problemlos mehrere Monate pausieren könnten. Tun sie aber nicht. Und zwar nicht, weil sie das Schrumpfen des Sparkontos nicht ertrügen, sondern weil sie sich einfach keine Auszeit *erlauben* können. Kein Arbeitstag darf verlorengehen. Manche dieser Businesswomen erlauben sich nicht einmal ein paar freie Stunden. Ruft man sie an, sind sie immer gerade unterwegs. Zum nächsten Job, zum nächsten Klienten, Vortrag, Meeting oder Kulturevent. Als säße ein kleines Männchen auf ihren Schultern, das sie argwöhnisch überwacht, ackern diese Frauen Tag und Nacht. »Ich bin ein Workaholic, weil mir meine Arbeit solch eine große Freude macht!«, höre ich sehr häufig.

Diese Freude sieht man den Frauen aber leider gar nicht an. Einige der Managerinnen sind viel zu dünn, andere viel zu dick. Entweder ist das Gesicht von Botox lahmgelegt, oder die Magenfalten haben sich tief um die Mundwinkel gegraben, und das Permanent-Make-up klebt wie eine Tätowierung im Gesicht.

So wollten wir nie werden … und so werden Sie und ich auch nicht sein, wenn wir uns darauf besinnen, wieso und weshalb wir auf diese Welt gekommen sind. Wir wollten leben! Arbeit gehört dazu, ist aber nicht das, was Leben *ist*. Irgendwann, in unserer Alten-WG, werden wir sicher nicht weiter organisieren und Businessprojekte planen, sondern wir werden von Freundschaften, von Familie und Liebe erzählen. Alte Damen, die mir dann von Geschäftsergebnissen und Bilanzen berichten wollen, fliegen aus meinem Zimmer raus! Versprochen!

Werden Sie faul!

Die Managementliteratur ist voll mit Tipps, die Ihnen erklären, wie Sie Ihre Zeit noch besser nutzen und die Tage effizienter verplanen können. Mit dem Handy ist das möglich. Mit einem BlackBerry allemal. Angeblich gewinnt man dadurch Zeit. Ich, die Ketzerin dieser Schriften, schlage Ihnen vor: Werden Sie faul! Wenigstens gelegentlich. Verweigern Sie politische Zeitungen und Wirtschaftsmagazine, lesen Sie kein Buch, senden Sie keine E-Mails, und machen Sie sich keine Notizen. Es gibt eine Menge Löcher, die von Ihnen in die Luft gestarrt werden wollen, also fangen Sie endlich damit an.

Hinter den Löchern – wenn Sie sich durch das Grau der Schuldgefühle hindurchgefressen haben – erwarten Sie ein rosiger Himmel und der Ort, den man mir in Kindertagen als die Spielzeugwiese des Nikolaus beschrieb. Hier können Sie das finden, um was es in Ihrem Leben geht oder was als Nächstes ansteht.

Irgendeine innere Stimme meckert vielleicht und hält Ihnen zynisch vor, dass man im Leben nicht mittels Löcherstarren weiterkommt. Und dass, wenn Sie schon nicht arbeiten, es erfolgreichere Methoden des Stressabbaus gibt, etwa Meditation. Ein effektiveres Pausieren. Effektivität, da ist es schon wieder, dieses dumme Wort.

Damit Träume entstehen können, bedarf es unverplanter Zeit. Nicht umsonst träumen wir im Schlaf, jener Zeit am Tag, der viele gehetzte Menschen zornig nachtrauern: Ach, was man alles machen könnte, wäre man nicht dummerweise müde!

Wenn Sie Ihre Kreativität wirklich nutzen wollen, benötigen Sie viele kleine Schläfereien, und zwar tagsüber, mit offenen Augen. In diesen Momenten schaltet Ihr Gehirn in den Trancemodus um – und dieser Zustand ist dann wirklich äußerst *effektiv* und *effizient.*

Erst wenn Sie nicht mehr an Ihren Gedanken ziehen und zerren, diese nicht mehr sortieren, planen, kategorisieren wollen, kann es sein, dass sich Impulse melden und kleine Ideen groß werden. Geistesblitze sind jetzt möglich. Sie schauen einer Wolke nach oder zwischen den Wolken hindurch, und mit einem Mal wird Ihnen klar, dass Sie schon lange eine bestimmte Kollegin anrufen wollten, um bei einem Projekt konkreter einzusteigen. Und dieses Projekt kann für Sie vielleicht einen völlig neuen Weg bedeuten.

Viele meiner Buchideen sind in solchen Momenten entstanden. In kurzen Zeitinseln, in denen ich mir erlaubte, nichts zu tun, nichts zu denken und uneffektiv zu sein. Beispielsweise auf einer Bootsfahrt. Immer im Kreis. Genauer, in einem Schiffstaxi, das in Gmunden von Haltestelle 1 zu Haltestelle 3 über Haltestelle 2 fuhr. Eigentlich wollte ich bei 2 aussteigen, um eine Ausstellung zu besuchen. Doch dann spürte ich plötzlich: Auf Skulpturen hatte ich gar keine Lust! Mir stand der Sinn nach Bergen, Wasser, grünen Auen. Aber diese Ausstellung wird demnächst geschlossen, ermahnte ich mich streng. Mir egal, dachte ich und fuhr einfach weiter. Auf dem Traunsee. Von 1 nach 3 über 2 und wieder zurück …

- In wie vielen Ausstellungen waren Sie in Ihrem Leben, wissen heute aber gar nicht mehr, was Sie alles sahen?
- Wie viele schöne Ideen bauten Sie hingegen erfolgreich aus, die in scheinbar ungenutzter Zeit entstanden?

• Welche Menschen haben Sie kennengelernt, weil Sie einmal nicht in der Pause telefonierten, sondern eine Pause machten? Was passierte schon Schönes in Ihrem Leben, weil ausnahmsweise einmal das Handy ausgeschaltet war?

Es ist eine alte Künstlerweisheit, dass Kreativität freie Zeit benötigt. Die Gedanken wollen spazieren gehen. Ohne Richtung und ohne Leine. Irgendwo kommen sie schon an. Und wissen Sie, wo? Auf der Nikolausschen Spielzeugwiese. Schlüpfen Sie mit Zeitinseln in den Himmel, und pflücken Sie sich einen Traum. Er wird sich ganz bestimmt erfüllen!

Spiegel, Lippenstift und Puder

O, wie schön! Diese wunderbaren
Farben! Wie farblos wäre mein Leben,
gäbe es nicht diesen Lippenstift.
Ohne Puderdöschen bin ich auf-
geschmissen, besonders wenn ich
Vorträge halte. Schließlich soll nicht
jeder meine hektischen Flecken
sehen. Oder mögen mich manche
gerade deshalb, weil ich so bin wie
sie? Nervös, panisch und manchmal
rot vor Glück …

I am, what I am

Taschenspiegel zeigen immer einen Ausschnitt. Sie können mit seiner Hilfe Lippenstift auftragen oder überprüfen, ob Make-up und Mascara noch sitzen. Aber vor allem können Sie dabei nachschauen, ob Ihre Augen lachen oder ein wenig müde aussehen. Die Rückmeldungen des Taschenspiegels sind zunächst kurz und bündig, es sei denn, wir widmen uns selbst einen intensiven Blick.

Wenn ich in meinen Taschenspiegel blicke, so sehe ich nicht nur meine Augen, sondern ich erkenne auch mich, die Frau, die ich bin. Mit allen Macken und Liebenswürdigkeiten, die ich mir im Laufe meines Lebens angeeignet habe. So weiß ich genau, dass ich zuweilen launisch bin. Das ist ein Wesenszug von mir, den ich nicht besonders schätze. Ich versuche, mich zu bessern, aber dieses Launisch-Unkontrollierte gehört mehr oder weniger fest zu mir. Aber ich kenne nicht nur meine unschönen Seiten, sondern schätze auch die guten. Ich habe bestimmte Macken, die ich liebe. Zum Beispiel weiß ich seit kurzem, dass ich an jeder bestellten Tasse Kaffee etwas auszusetzen habe. Mal ist er zu stark, dann muss heißes Wasser her. Mal ist die Tasse zu klein. Kann auch sein, dass die Tasse zu groß ist. Manchmal ist der Kaffee kalt. Zuweilen ist er mir ein wenig zu heiß. Oder die Milch ... o je, die Milch: Mal ist zu viel drin, mal zu wenig. Ich bin die Frau mit der Extraportion. Ist das nicht süß? So viel Zickigkeit hätte ich bei mir gar nicht vermutet.

Schaue ich mir im Spiegel in die Augen, denke ich oft: »Wir sind Komplizinnen, du und ich. Und sollten sich wirklich alle Menschen von dir abwenden, dann werde ich noch bei dir sein.« Ich sage mir das oft – nicht nur, wenn sich gerade alle Welt gegen mich verschworen hat.

- Wie klingt ein Liebesbrief an Sie selbst?
- Wie sieht ein Tag aus, den Sie mit sich allein gestalten?
- Was schreiben Sie sich selbst auf eine Geburtstagskarte?

Mein Mädchen gehört zu mir!

Sie sind das Beste und die Beste, die Sie haben. Ihre Meinung zählt, in Ihrem Leben gilt Ihr Wort. Es kann Ihnen mit sich selbst nicht viel passieren. Das Schöne: Je mehr Sie sich selbst mögen und Ihr Wesen leben, desto mehr Menschen werden Ihre Nähe suchen, denn es gibt nichts Anziehenderes als Menschen, die nicht nur aussehen wie sie selbst, sondern die es tatsächlich sind. Ohne falsche Wimpern und ohne aufgesetztes Getue. Die den Spiegel nicht kokett benötigen, um zu prüfen, ob noch alles Unechte sitzt, sondern um sich von Herzen zuzuzwinkern. Sobald sämtliche Erwartungen von Ihnen abfallen, zaubert sich dieses anziehende Lächeln auf Ihr Gesicht. Auf Kinderbildern können Sie es erkennen: Wie ausgelassen und albern Sie damals waren … Erinnern Sie sich? Und so vertrauensvoll ins Leben blickend. Das Vertrauen, das Sie vielleicht heute bisweilen vermissen, das aber nur Sie sich geben können: Selbstvertrauen. Vielleicht leben Ihre Eltern heute nicht mehr, und möglicherweise gibt es auch keine liebevolle Tante. Kann sein, dass Sie gerade Single sind. Wenn uns scheinbar niemand sieht, dann müssen wir uns bewusst selbst bemerken, um dadurch für andere wieder sichtbarer zu werden. Wir müssen unser Selbst leben und sollten uns dabei alles zutrauen und auf uns vertrauen. Der Blick in den Spiegel kann Sie darin unterstützen. Das Herz, das Sie mit Lippenstift, und ganz für sich selbst, in eine Ecke malen. Der Blick, den Sie sich selbst zuwerfen und der Ihnen signalisiert, dass Sie sich freuen, genau so zu sein, wie Sie sind. Nicht nur, weil Sie bislang viel gelernt haben, sondern immer weiterlernen werden. Über sich selbst und die Aufgaben, die Ihr Lebensweg Ihnen bietet. Manche sind vielleicht schwer, andere schräg, und manche Herausforderung bringt Sie sogar zum Lachen. Sie gewinnen jedes Mal dazu. Ganz gleich, an welchem Punkt Sie gerade stehen, Sie können das Bild von sich durch immer weitere Facetten bereichern. Malen Sie sich Ihr Leben mit inneren Lippenstiften bunt. Entscheiden Sie liebevoll: Was soll bleiben? Und was darf in Zukunft anders werden? Vielleicht spüren Sie sogar: Ab jetzt kommt ein neuer Weg!

Die Entscheidung liegt bei Ihnen, wie Sie ihn gestalten werden und was Sie als alte Erfahrung aussortieren und welchen Raum die Neuerungen bekommen. Ihre innere Stimme wird Sie dabei begleiten, und Sie werden merken, dass der Einklang mit sich, den eigenen Zielen und der Lebensgestaltung eine große Wirkung auch auf das Umfeld hat. Andere Menschen werden es merken und davon profitieren, weil Sie eine Anregung sind. Es gibt Sie nur ein Mal – und Sie erfreuen sich daran! Vielleicht finden Sie in Ihrem Notizbuch eine Seite, auf die Sie ein paar Sätze zu diesem schönen Gedanken schreiben. In Momenten, in denen sich Fragen auftun, kann Ihnen das wieder Nähe zu sich selbst und Hilfe bringen.

Liebe dich selbst!

Ganz schön gewichtig, diese Worte, was? Möglicherweise schimpfen Sie sogar leise: »Was für ein Geschwätz! Fast so, als würde man ›Ich bin schön!‹ an die Badezimmerwand schreiben, obwohl man sich eher schön bescheuert fühlt.«

Liebe dich selbst kann tatsächlich eine geradezu ärgerliche Aufforderung sein, wenn man sich momentan überhaupt nicht leiden kann. Alles steht auf dem Prüfstand, und wir nörgeln als Erstes an uns herum. Merkwürdig: Gerade in Zeiten, in denen wir unsere Selbstliebe am dringendsten benötigen, verweigern wir sie uns! Etwas hat nicht geklappt, jemand hat uns verlassen, das Projekt ist unseretwegen geplatzt, die Kollegin schaute schief, der Chef findet den Karrieresprung zu früh … Es braucht nicht viel, um an sich selbst zu zweifeln. Stundenlang, nächtelang und tagelang können Frauen über vergossene Milch nachdenken oder über einen gekappten Plan oder eine verpatzte Präsentation. Die Gedanken kreisen und kreisen – und zwar immer nur in eine Richtung: gegen uns selbst.

Dass das nicht förderlich ist, brauche ich wohl nicht weiter zu erläutern. Selbstbeschimpfungen wirken wie Selbstsabotagen. Mit niemandem würden wir in diesen Minuten so sprechen wie mit uns selbst. Vor allem nicht immer und immer wieder. Kennen Sie die Nächte, in denen diese Situationen mit Ihnen ins Bett gehen und morgens noch immer hämisch grinsen? »Du hast wohl gedacht, du schläfst 'ne Weile und wirst uns dadurch los … Keine Chance, Baby. Wir sind da!«, lachen die Biester hämisch.

Und dann geht die Karussellfahrt mit den Gedanken
weiter:

- Hätt ich doch …
- Wie konnte ich bloß …
- Es war entsetzlich …
- Wie peinlich …
- Ich war grrraauuuennhaft …

Ich habe noch keine Frau getroffen, die sich ebenso lange
und intensiv selbst lobte. Etwa: »Großartig, wie das alles
geklappt hat! Und wie meine Kollegen staunten! Ich
könnte mich abknutschen dafür, dass ich so gut in diesem
Vortrag war. Grandios! Ich kann gar nicht aufhören,
darüber glücklich zu sein. Nicht zu fassen! Wunderbar
war das! Ich muss jetzt gleich Eva anrufen und erzählen,
wie toll ich war. Ach was, nur Eva … Ich ruf auch Susanne, Peter, Mark, Patrizia und Tobias an. Und mal sehen,
wer fällt mir denn noch alles ein?«

Alle mal herschauen!

Schade, dass wir so selten unsere Erfolge feiern, aber so
ausdauernd an unseren Misserfolgen hängen. Und jede
neue Schilderung unserer Blamage wirkt wie ein frischer
Aufguss in unserem Herzen und den Gedanken. Wir kochen die belastende Situation damit immer wieder neu
auf. Brennen die Bilder in uns ein. Legen eine »Ich bin
eine Null«-Datei an … Und die wird garantiert genau
dann abgerufen, wenn wir sie ganz und gar nicht brauchen. Wenn wir uns wie eine Schallplatte mit Sprung nur
das erzählen, was nicht klappte und wo wir fehlerhaft

und unsicher waren, formen wir damit auch die Zukunft. Mit jedem Beispiel erinnern wir uns lebhaft daran, dass wir nichts können und dass das auch so bleiben wird. Die Beweise werden folgen.

Vielleicht bewegen Sie sich augenblicklich auf einer emotionalen Talfahrt. Dann ist es ab *jetzt* wichtig zu überprüfen, wie und was Sie denken. Sie benötigen Ihre volle Unterstützung. Als Ihre beste Freundin würden Sie sich bestimmt daran erinnern, was Sie alles können. Zählen Sie es nun auch auf. Machen Sie sich Ihre eigenen Erfolgserlebnisse bewusst, und werfen Sie einen Blick in den Taschenspiegel und das Notizbuch. Da leuchtet das Herz, und dort steht es geschrieben.

- Selbstliebe ist, wenn Sie bei sich sind, obwohl Sie gerade etwas komplett vermasselt haben.
- Selbstliebe ist der Arm, den Sie sich selbst um Ihre zitternden Schultern legen.
- Selbstliebe ist Zuversicht, die Sie sich in die Seele hauchen.
- Selbstliebe ist ein liebevoller Satz, der Ihrem Herzen hilft, wieder harmonischer zu schlagen.

Was können Sie tun, wenn Sie bemerken, dass Sie in dunklen Momenten nicht gut mit sich selbst sprechen? Wechseln Sie den Kurs! Sagen Sie der negativen inneren Stimme, dass diese harten Worte weder wahr noch hilfreich sind. Dass Sie zwar gerne über Anregungen nachdenken – aber erst, wenn es Ihnen wieder bessergeht. Denn zuallererst brauchen Sie Trost und ein paar Streicheleinheiten. Der Blick in den Taschenspiegel kann Sie dabei unterstützen ... sofern er verständnis- und liebe-voll ist.

Lieben Sie sich! Wenn *Sie* es nicht tun, warum sollten es dann andere Menschen tun? Gerade in schlechten Zeiten. Und zwar nicht nur für sich. Denn Ihr Umfeld wird es bemerken, und Sie werden ein Vorbild sein. Schließlich möchten auch andere Menschen sich selbst lieben. Mit Ihrer Selbstliebe zeigen Sie ihnen Möglichkeiten auf, wohlwollender mit den eigenen Schwächen umzugehen. Wenn Ihnen das jetzt noch schwerfällt, gibt es einen hilf-reichen Trick:

- Sprechen Sie mit sich selbst so, als wären Sie ein kleines Kind. Wird Ihre Stimme schon ein wenig mütter-licher?
- Oder schauen Sie sich ein Foto an, auf dem Sie als klei-nes Mädchen abgebildet sind. Ein Kind, das seinen Weg sucht und dabei eine zärtliche Begleitung braucht. Möchten Sie dieses Mädchen wirklich schimpfen?

Jeder von uns braucht dann und wann Unterstützung und einen Kuss auf die Stirn, der uns ermutigt. Geben Sie sich diese Liebe selbst. Tut's gut? Na, dann könnte man doch glatt ein wenig lächeln.

... als wäre ich ein Streuselkuchen!

Wachsen Ihnen auch Pickel, wenn Sie sich aufregen? Und haben Sie den Pickelstift in Ihrer Tasche, damit auch ja keiner bemerkt, dass Sie innerlich auf 180 sind? Oder kommen die kleinen Dinger, weil Sie sich verliebt haben, und heute Abend ist das erste Date? Pickel sind immer unbequem, egal aus welchem Grund. Sie werden nur noch vom blühenden Lippenherpes übertroffen. Aber trösten Sie sich: Egal, ob mit oder ohne Herpesbläschen, keine ist wie Sie. Vielleicht sind es ja gerade Ihre Pickel, die Sie so besonders machen? Die Pickel Ihrer Persönlichkeit. Das, was Sie an sich gaaanz schrecklich finden, andere aber anziehend und zauberhaft. Oft genug korrigieren Frauen an Stellen herum, die sie gar nicht korrigieren müssten. Die Fettpolster werden abgesaugt oder abgeschwitzt, Silberblicke operiert. Dabei erinnere ich mich so gerne an eine junge Frau, die mich mit Ihrem leichten Silberblick verzauberte. Zum Verlieben waren diese Augen!

Auch an Ihnen ist nichts schräg oder verkehrt. Die größte Gefahr liegt nämlich nicht im Körperfett, nicht in einem Pickel und nicht in einer schiefen Nase, sondern darin, zu einem »Förmchen« zu werden, das heißt, zu einer Frau, die aussieht wie tausend andere auf dieser Welt. Alle blond, mit großen Ohrringen, pickellosem Teint und einer Tätowierung auf der Schulter. Warum wollen Frauen aussehen »wie die anderen«, obwohl sie doch als Unikat am schönsten sind?

Stellen Sie sich in das Schaufenster des Lebens! Zeigen Sie den anderen Menschen, dass es Sie gibt und dass Sie glücklich mit sich sind. Mit dem Hüftspeck, den zu dünnen Haaren, einer Knubbelnase und den zu dicken Waden. In Ihrer Seele schlummert ein Kern, der ist unverwechselbar. Ich nenne es auch unser *Wesen*. Ihr und mein

Wesen unterscheidet sich komplett von anderen Menschen. Wir sind beide etwas ganz Besonderes und können stolz auf das sein, was uns von anderen Menschen unterscheidet. Wir dürfen an diesem Wesen modellieren, aber Korrekturen braucht es nicht.

»Fake it until you make it!«

So lautet der Beginn eines amerikanischen Spruchs. Sie müssen nicht warten, bis Sie sich endlich für wirklich gut befinden, tun Sie lieber bis dahin so, als wäre es schon so weit. Leben Sie »als ob«. Bewegen Sie sich wie eine pickellose Madame Pompadour, oder erklären Sie Pickel zur Topmode. Denken Sie so von sich, als wären Sie der Superkracher. Möchten Sie sich irgendwann einmal aufregend, anziehend und sexy fühlen? Worauf warten Sie? Spazieren Sie schon jetzt auf diese Weise durch die Stadt, und erleben Sie, wie Ihre Seele dem Körper folgt. Schönheit hat nichts mit Pickeln zu tun, sondern damit, wie wir auf andere Menschen wirken.

- Wie gehen Sie?
- Wie ist Ihr Blick?
- Sehen Sie das Lächeln in den Gesichtern der Passanten?
- Ist Ihnen nach Rosen …
- … nach Torte, Champagner und teurem Parfüm?

Hallo, Marilyn! Geht es Ihnen gut? Und was machen Ihre Pickel? Alles sexy? Bestens? Wunderbar?
Das Lernen mittels »so tun als ob« ist die beste Möglichkeit, bereits jetzt das zu leben, was Sie einst leben möch-

ten. Immer mal wieder, in kleinen Portionen. Legen Sie sexy Stunden oder zickige Minuten ein. Planen Sie einen Divatag, zeigen Sie sich als Prinzessin oder wie immer Sie gerade gerne wären. Aber der eingangs zitierte Spruch hat noch einen zweiten Teil: »But if you keep faking it, you will never make it.« Sprich: Wenn Sie immer nur spielen, werden Sie es nie *sein*. Vielmehr werden Sie irgendwann erkennen, dass Sie tatsächlich einen Reifeschritt getan haben und diese besondere Stärke mittlerweile leben. Vielleicht wissen Sie auch schon, welche dies bei Ihnen sein könnte? Je stärker Sie nämlich eine Schwäche an sich erlebt haben, desto größer ist die Chance, dass sie sich in eine Stärke verwandelt.

So wäre zum Beispiel die Toptrainerin Sabine Asgodom mit einer Modelfigur nie zu dem Vorbild geworden, das sie heute für viele Frauen ist. Sie wird geliebt, weil Sie sich mit ihrer Figur ausgesöhnt hat und heute oft und gerne über das Desaster mit einem grünen Seidenkleid lacht. Das heißt nicht, dass nicht auch Sabine Asgodom gelegentlich gerne ein Supermodel wäre. Auch ich hätte nichts dagegen, in enge Blusen zu passen. Geht aber nicht. Dass ich dieses DD zu akzeptieren lernte (Frauen mit kleinen Brüsten denken ja immer, das wär der Hit. Isses aber nicht), hat mich gelassener gemacht. Ich weiß, dass ich mir meinen Körper anders gewünscht hätte, aber er ist nun einmal der Körper, der er ist.

Meine zarte Seite hingegen wurde zu meiner Stütze: So merke ich schnell, wenn sich andere Menschen schwach fühlen, und kann ihnen dann ein wenig Zuwendung geben. Die Zuwendung, die ich auch mir in schwachen Minuten spende.

Träumen Sie mal ein paar Minuten vor sich hin: Wie heißt Ihre Schwäche, die eigentlich eine Stärke ist? Sind Sie am Ende gar nicht »schüchtern«, sondern wählen Ihre Freunde nur sehr gut aus? Oder sind Sie nicht »sehr langsam«, sondern eher »sehr genau«?

Na, haben Sie Ihre Stärke, Ihre schöne Seite gefunden? Dann rufen Sie am besten gleich eine gute Freundin an und erzählen ihr davon!

Sie werden bemerkt!

Wann immer wir mit Menschen zusammenkommen, machen wir uns spontan ein Bild von ihnen. Egal, ob Freunde, Kollegen oder Bekannte, ja selbst Passanten auf der Straße werden in irgendeiner Weise – aufgrund ihres Aussehens oder Auftretens – in Schubladen sortiert. Schubladen sind wichtig, um sich einen ersten Eindruck und Überblick zu verschaffen. So gehen wir beispielsweise davon aus, dass ein bis zum Hals bewaffneter Mann kein Schmusekätzchen ist. Obwohl sich, werden Sie jetzt erwidern, bestimmt viele in der Liebe als Schmusekater herausstellen. Genau. Macht man also die Schublade allzu fest zu, kann es passieren, dass man Menschen in die falschen Kästchen sortiert hat; denn der erste Eindruck muss keineswegs stimmen. (Sie erinnern sich an das Kapitel »Kollegen sind auch nur Menschen?«). Allerdings hinterlässt der erste Eindruck stets die tiefste Spur. So, wie wir einen Menschen erleben, gehen wir meist auch auf ihn zu. Wenn Sie also lächelnd spazieren gehen, dann lächeln viele Menschen zurück … (Probieren Sie es aus!

Aber bitte aus dem Herzen »lächelnd« und nicht »künstlich grinsend« – sonst geht's daneben.) Nicht nur wir machen uns ein Bild von den anderen, die anderen machen sich auch ein Bild von uns, weshalb auch wir gelegentlich in Schubladen gestopft werden, aus denen wir händeringend versuchen zu entkommen. »Lasst mich raus! Ich bin falsch einsortiert!«, möchte man laut rufen.

- Martina ist immer so supergenau, leg am besten ihr deine Fragen vor.
- Sarah ist knickrig, die weiß, wo es die tollsten Sonderangebote gibt.
- Petra ist Chaotenkönigin, sie sollte lieber nicht die Gartenparty organisieren.
- Susanne ist die schlechte Laune in Person, ich will nicht mit ihr in einem Büro sitzen.

Kann schon sein, dass Martina supergenau ist. Aber vielleicht ist sie viel häufiger ebenso chaotisch wie Petra. Und die wiederum ist supergenau und würde gerne mit Susanne das Zimmer teilen, weil die so oft gute Laune hat. Und Sarah ist nicht knickrig, sondern teilt bloß ihr Geld gut ein.

Wir wirken. Was andere Menschen denken, können wir nicht bestimmen. Wir können es nur beeinflussen, indem wir unsere Wirkung zu unserer Aufgabe erklären. Wenn ich konzentriert bin, dann wird mein Gesicht ein wenig muffig. Das führte vor vielen Jahren dazu, dass Kollegen von mir Abstand nahmen. »Ach die«, tuschelten sie hinter meinem Rücken. »Die hat doch immer miese Laune!« Hatte ich aber gar nicht. Ich dachte nur nach. Meine

Wirkung vermittelte aber etwas anderes, und das Resultat war, dass keiner mehr Lust hatte, mit mir zu arbeiten. Als ich das erkannte, veränderte ich meine Wirkung: Ich zeigte, wie ich mich fühlte. Konzentriert, und dennoch gut gelaunt. Das Arbeitsklima um mich herum besserte sich sofort.

Gestatten, ich bin auch noch anders!

Wenn auch Sie sich wünschen, dass man anders mit Ihnen umgeht, dann sollten Sie Ihre Wirkung überprüfen. Passt das, was Sie ausstrahlen, zu dem, was Sie wollen? Wenn Sie die Behandlung einer Lady wünschen, dann dürfen Sie sich nicht als fleißiges Lieschen durch Ihren Tag bewegen. Die Lady wähle ich deshalb, weil das eine Sehnsucht ist, auf die Frauen in meinen Seminaren immer wieder zu sprechen kommen. Sie wollen hofiert werden, geachtet, geschätzt.

Keine Frage, das will ich auch. Doch viel zu lange war meine Wirkung die der mütterlichen Freundin und der Frau, mit der man Pferde stehlen kann. Es ist schön, wenn man so geschätzt wird, aber einer Lady geht es besser. Zumindest dann und wann. Und genau zu dieser Strategie habe ich mich eines Tages entschieden: Immer, wenn ich lange genug Mutter und Räuberfreundin gewesen bin, wandele ich mich ganz schnell zur Lady – und werde als solche behandelt. Zeige ich mich als patente Mutter der Nation, na, dann habe ich gleich ein paar Aufgaben mehr an der Backe. Und weil die Wirkung mit unserem Namen korrespondiert, überprüfe ich auch gleich, wie ich mich einem Menschen vorstelle oder mich von ihm rufen lasse.

Wie nennen Sie sich? Haben Sie einen Spitznamen? Karo, Moni, Silvy? Meine Familie ruft mich Christel. Nicht mein Fall, ist aber so. Die Christel, Sie merken es schon, ist eine Frau zum Pferdestehlen. Will ich also als Lady wahrgenommen werden, dann bin ich Christine.

Aus dem wunderschönen Namen meiner Freundin – Cornelie – wurde Conny geschnitzt. Und aus Annette wurde eine Nette. Unter Freundinnen ist das heimelig und schön. Da wollen wir auch keine Ladys sein. Aber in anderen Momenten klingen unsere wirklichen Namen sicher eleganter.

Haben Sie auch so einen Kurznamen aus der Jugend? Gefällt er Ihnen? Tut er Ihnen gut? Spiegelt er Ihr Wesen, oder unterstreicht er eher veraltete Seiten?

Ausstrahlung hat vor allem etwas mit unserem Selbstbild zu tun. Wenn wir uns selbst Christel, Conny, Nette rufen, dann werden wir uns so geben, und andere werden uns so behandeln. Wollen wir das nicht, dann ist es an der Zeit, ein neues Image anzunehmen. Natürlich kann das Image auch einen kurzen Namen tragen. Mir gefällt »Lilly«. Lilly ist kess, verliebt und voller Flausen. Sie ist ein Teil von mir, aber ich lasse ihn noch viel zu selten raus. Auch in Ihnen wohnen spannende Anteile. Also häuten Sie sich ruhig ab und zu. Sagt jemand »Du hast dich aber verändert«, so haben Sie die Bestätigung, dass Sie nicht alten Rollen verhaftet bleiben. Einer robust auftretenden Frau trägt man nicht die Koffer.

Sie werden als die Frau wahrgenommen, die Sie zeigen. Äh ... und wie sollte die noch mal sein?

Ihr Talisman: das Glück in der Tasche

Eine winzige Madonna wohnt, verborgen in einer goldenen Hülle, in der Innenseite meiner Handtasche. Sie ist meine Glücksbringerin ... Ob Talisman, Madonna oder kleines Herz: allesamt Glücksbringer, aber auch persönliches Symbol für Vertrauen und Kraft. Deswegen sollten wir es dabei haben. Im Herzen und in der Handtasche.

Ein kleines, rotes Herz

Irgendjemand hat es Ihnen einst geschenkt. Das kleine, rote Herz. Es ist aus Glas oder Holz, vielleicht aus Leder oder Papier – und seitdem gehört es in Ihre Handtasche und damit zu Ihrem Leben. Mit den Jahren hat es Flecken bekommen oder Falten. Macht nichts. Das Herz ist wertvoll, so wie es ist. Wie der alte Teddy, der nur noch ein Ohr hat, oder das Lieblingskissen, das schon längst abgewetzt ist. Eine Freundin hat es Ihnen geschenkt, oder hat ein lieber Freund es Ihnen damals zugesteckt? War es von einem Liebsten, oder haben Sie es sich selbst geschenkt, an irgendeinem verliebten Tag, den Sie nicht vergessen möchten, oder an einem traurigen Tag, um sich ein wenig zu trösten? Nun baumelt es an einer Öse an der Handtasche oder versteckt sich zwischen den Stofffalten des Futterals. Wenn es Ihnen in die Augen oder in die Hände fällt, dann wissen Sie, dass es mehr gibt als Karriere, Hast und Oberflächlichkeiten.

Das Herz symbolisiert alles Lebendige: Es hüpft in unserer Brust, wenn wir freudig sind, und zieht sich zusammen, wenn uns etwas schmerzt. Es pocht und erinnert uns daran, dass wir noch ungelebte Sehnsüchte haben. So ein Herz ist manchmal wie ein gutes Omen, manchmal schaut es einen gehässig an. Doch immer, wenn Sie es bemerken, fühlen oder erblicken, denken Sie an Liebe:

- An die, die da ist.
- An die, die fehlt.
- An die, die Sie suchen.
- Und an die, die Sie verloren zu haben glauben.

Mit der Liebe tanzen

Die Liebe ist vielfältig. Sie ist Gift und Elixier. Wie sieht es aus mit der Liebe in Ihrem Leben? Glauben Sie an die große Liebe und dass es einen Glücksbringer gibt, der Sie auf diesen Menschen aufmerksam machen wird? Bekommen Sie Liebe? So viel, dass Sie anderen davon abgeben können? Und liegen Sie mit Ihrer Liebe richtig? Überhaupt: Wie findet man heraus, welche Liebe zu einem passt? Zweifelsohne durch Erfahrung. Aber die Liebe meldet sich auch dann, wenn augenscheinlich gar nichts passt.

Was es ist

Es ist Unsinn
sagt die Vernunft
Es ist was es ist
sagt die Liebe

Es ist Unglück
sagt die Berechnung
Es ist nichts als Schmerz
sagt die Angst
Es ist aussichtslos
sagt die Einsicht
Es ist was es ist
sagt die Liebe

Es ist lächerlich
sagt der Stolz
Es ist leichtsinnig

sagt die Vorsicht
Es ist unmöglich
sagt die Erfahrung
Es ist was es ist
sagt die Liebe

(Erich Fried)

Liebe lässt sich nicht steuern. Manchmal wollen wir das, aber es gelingt nicht wirklich. Sie ist wie ein Vogel, der frei in unseren Herzensgarten fliegt. Sie können vieles planen, aber nicht dieses Gefühl. Deswegen geben Heiratsvermittlungsinstitute auch keine Garantie. Die Liebe will, dass Sie die Kapitänsmütze absetzen und auf den Wellen der Gefühle reiten. Besonders am Anfang einer Liebe ist das nicht so leicht. Das Herz ist aufgeregt glücklich, und gleichzeitig hören Sie eine misstrauische Stimme, die Sie gehässig daran erinnert, dass Sie doch schon so oft an die große Liebe geglaubt haben.

»Na, wieder mal?«, tönt es skeptisch. »Willst du dich wieder einmal belügen, dir etwas vormachen und dich zu schnell in fremde Arme werfen?«

Es gibt Zeitpunkte im Leben, da müssen wir erkennen, dass wir nichts wissen. Gar nichts. In der Liebe sind keine Absprachen möglich. Sie müssen sie erleben, mit ihr tanzen, sich von ihr überraschen lassen – und dann abwarten und prüfen, ob diese Liebe in Ihr Leben passt. Das braucht Zeit. Aber geben Sie ihr eine Chance. Natürlich besteht die Gefahr, dass Sie in die falsche Richtung lieben. Das kommt vor und wäre sicher nicht das erste Mal. Wenn ich blind vor falscher Liebe war, haben mir Conny und

Annette immer sehr geholfen. Sie stellten mir die Fragen, die ich nicht hören wollte, und in meinen Antworten fand ich Klarheit für mein Gefühl.

- Würdest du ihn uns jetzt schon vorstellen?
- Möchtest du, dass wir alle zusammen Silvester feiern?
- Macht er dich schön?
- Kannst du ihm vertrauen?
- Gibt er dir all die Liebe zurück, die du ihm gibst?
- Zeigt er dir, dass du ihm wichtig bist?

Ich war viele Jahre Single mit einigen Affären. Die Fragen meiner Freundinnen schmerzten manchmal sehr, denn es gab Männer, mit denen wollte ich zwar ins Bett, sie aber keinesfalls meinen Freundinnen vorstellen. Oder ich wollte mit einem Mann Urlaub machen, aber nicht mit ihm das neue Jahr begrüßen. Die Fragen meiner Freundinnen brachten das ans Licht, und ich war darüber traurig, weil die schöne Zeit der Hoffnung nur so kurz gewesen war. Wenn ich ein Herz sah, dann erinnerte ich mich jedoch daran, dass es auf dieser Welt einen Mann geben musste, bei dem ich alle Fragen meiner Freundinnen mit einem freudigen Nicken beantworten kann. Einen Mr. Right, einen Mr. Soulmate. Und es war gut, dass ich auf meine Freundinnen und die Botschaft der Herzen gehört habe.

Küssen Sie sich an manchen Männern satt, auch wenn Sie sich danach wieder auf den Weg machen müssen. Je besser Sie sich selbst kennen, desto seltener wird es Ihnen passieren, dass sich eine Liebe, die nicht zu Ihnen passt, dauerhaft in Ihnen einnistet. Sie werden das Gefühl immer besser einschätzen können und brauchen keinen »Erlöser« mehr. Die Hoffnung, dass ein Mann Ihre Lücken füllt, ist so etwas wie Katzengold. Es funkelt, scheint, macht Sie ganz kirre, aber es ist nicht echt. Handelt es sich also nur um einen intensiven Flirt, eine Affäre, eine Liebelei? Auch die sind auf ihre Weise kostbar. Jedes bisschen Liebe ist ein Geschenk. Sogar die Eintagsliebe. Selbst wenn Sie sich die große Liebe gewünscht haben und nicht das kleinste Stück der Liebestorte.

Auch wenn Sie in dunklen Stunden nicht mehr daran glauben: Sie gehen auf diese Liebe zu.

Schritt für Schritt.

»Niemand bleibt übrig«, das hat mir meine Madonna fest versprochen.

Auch Sie nicht.

Sie werden es ganz deutlich spüren, wenn Sie dem richtigen Menschen begegnen – und der passt dann auf Ihre Couch, in Ihr Leben und ganz sicher in Ihr Herz. Das kleine Herz in Ihrer Tasche wird zu leuchten beginnen und heftig funkeln.

Irgendwann

Wenn ich den Libellen beim Tanz zuschaue
und den Schwänen, wie sie über das Wasser ziehen,

wenn ich die Wildgänse paarweise über die Felder
fliegen sehe
und das Kind meiner Nachbarin,
das Hand in Hand mit einem anderen Kind zur
Schule geht,

wenn ich auf Grabsteinen zwei Namen sehe
mit einem Herz und einer Träne als Schmuck im Stein,
wenn für mich nichts schöner klingt,
als wenn zum Klavier eine Klarinette spielt
oder eine Geige, zu der jemand etwas singt,

wenn ich mir das Blatt eines Gingkobaumes betrachte,
das aussieht, als wäre es ein Hintern mit zwei Hälften,

oder mir ein Hörnchen bestelle, das zwei Enden hat,

wenn ich einen Brief bekomme oder eine Mail,
die irrtümlich »Herrn und Frau« oder »Familie«
als Adresse haben,

wenn ich um mein Glück würfele,
mir die Karten lege oder
versuche, die Sterne für mich zu deuten,

dann meldet sich etwas in mir,
und das ist sanft,
und das ist nicht drängend,
und das ist nicht entmutigt
oder gelangweilt
oder hoffnungslos,
sondern das ist ganz still und ganz sicher

und lässt mich am Horizont jemanden erkennen.

Die Liebe finden

»Du hast doch mal von so einer inneren Wunschreise für die Liebe erzählt ...«, fing meine junge Freundin Nora zaghaft an. Ich wusste gleich, was sie meinte. Eine kleine Wunschmeditation, die ich so gerne mit Menschen mache, die sich einen Herzenspartner wünschen. Meine Freundin Silvia hat auf diese Weise ihren Mann gefunden. Und auch Thomas, Martina und Sonja sind glücklich geworden.

Nora wollte sich wieder verlieben, aber weit und breit war kein Mann in Sicht. Das heißt, Männer gab es viele, aber der eine, der war eben nicht dabei. Den wollte Nora endlich treffen. Nun wollte sie die Liebe ein wenig locken und Amor becircen.

»Willst du dich *jetzt* auf die Wunschreise begeben?«, fragte ich durchs Telefon, und Nora war sofort dabei.

»Also, als Erstes schließt du deine Augen und atmest ein paar Mal angenehm durch ... Hoffentlich sind dein Telefon und die Klingel ausgeschaltet? Sind sie?«

»Mmja«, brummelte Nora, schon von weit weg durch die Leitung.

»Liegst du bequem?«

»Mmja.«

»Okay«, meine Stimme wurde etwas leiser und sanfter. So, wie es sich gehört, wenn man über Liebe, Sehnsucht und von Herzenswünschen spricht.

Dann stellst du dir jetzt vor, du hättest eine Reise in eine schöne Stadt gemacht. Du besuchst gerade ein sehr quirliges Viertel. Vielleicht in London, in der Altstadt von Heidelberg, oder es ist ein Viertel in Wien oder Paris. In diesem Viertel gibt es viele Gassen mit kleinen Geschäften. Du siehst eine Menge Schaufenster, jedes für sich ist ganz individuell dekoriert. Es hängen Fähnchen, Lichter und farbige Schilder an den Türen. Alles Mögliche ist hier zu finden: verrückte Schokoladensorten, extravagante Kleider, Schuhe, Taschen, Schmuck, exotische Seifen, schön gestaltete Bücher und ungewöhnliche Musik. Ein wunderbares Viertel, um zu staunen, zu sehen, sich etwas zu wünschen oder zu verschenken. Du schlenderst durch die Straßen. Es duftet aus den Läden, die Menschen lachen sich zu, eine Band an der Ecke spielt Jazz, und die Luft umhüllt dich wie ein Seidenmantel. Du bist gut gelaunt, neugierig und hast sehr viel Zeit. Und so wundert es dich auch nicht, dass du an einem Schaufenster länger stehen bleibst und die Auslagen genau betrachtest.

»Was ist das?«, fragst du dich angesichts einer Menge kleiner Metallplättchen. Die Plättchen sind geformt wie Häuser, Kinder, Herzen, Autos, Tische, Schiffe. Über dem Fenster ist ein Schild befestigt: »Magnete aller Art«. Drinnen siehst du Lena, die Besitzerin des Ladens, hinter dem Verkaufstresen. Sie lacht dich freundlich an und winkt dich zu sich herein. Als du im Laden bist, erklärt sie dir, dass du bei ihr Magnete kaufen kannst, die sie mit deinen Wünschen speist.

»Die einen wünschen sich ein besonderes Auto, manche Menschen ein Kind, und wieder andere wollen endlich mal einen Riesenfisch beim Angeln fangen«, zählt Lena die verschiedenen Wunschmöglichkeiten auf. »Und was wünschen Sie sich?«, fragt sie gleich.

»Einen Mann«, hörst du dich sagen.

»Na, dann suchen Sie sich doch mal einen schönen Magneten aus!«

Lena zieht eine Schublade auf und verteilt eine Auswahl von Magneten auf dem Tresen. Du wählst dir einen aus. Die Form des Magneten ist eigentlich egal, aber die meisten Menschen, die sich einen Partner wünschen, wählen ein hübsches Herz.

Auf dem Tresen ist eine kleine Stahlplatte. Sie ähnelt ein bisschen den Platten, auf denen man Crêpes herstellt, ist jedoch eine Ladeplatte. Darauf legt Lena nun deinen kleinen Magneten.

»Und? Wie soll er sein?«, fragt dich Lena geradeheraus und meint damit Persönlichkeit, Aussehen, Wirkung deines Traumpartners. Soll er still oder eher unterhaltend sein? Soll er Kinder mögen oder lieber lange Reisen?

Sag ihr alles, was dir in den Sinn kommt. Wünsche nur drauflos. Du kannst nichts verkehrt machen und hast zum Wünschen alle Zeit, die du dafür brauchst.

Solltest du wirklich eine Zutat vergessen haben, na, du weißt ja jetzt, wo Lenas Laden ist, und kannst sie jederzeit besuchen. Sie speichert dann die vergessenen Wünsche einfach nach. Und sollte dir eine gewünschte Eigenschaft doch nicht so gut gefallen, dann wird auch die wieder geändert. Es ist im Service inbegriffen, und Lena ist eine ausgesprochen hilfsbereite Frau. Du kannst dich vor ihr auch nicht blamieren. Lena ist es egal, wie viel und was du dir wünschst. Sie will einfach zufriedene Kunden! ˃

Schau mal, im Schrank hinter Lena sind lauter Schublädchen. Darin befinden sich die Magnete, die wieder zurückgebracht wurden, sobald sich ein Wunsch erfüllt hat.

Die meisten Magnete werden nur ganz kurz ge-
braucht …

»Oder wollen Sie ganz viele Männer?«, lacht dich Lena
an. Dann wartet sie. Auf deine Wünsche, die Hoffnungen und was du dir von der Liebe erträumst.

Freu dich – denn *dein* Magnet liegt auf der Platte: auf die
Wünsche … fertig … los!

War alles dabei? Jede Wichtigkeit und jede Kleinigkeit?
Wirklich alles, oder purzelt da noch etwas nach?

Lena schaut dich an.

Nein, alles gewünscht.

Nun nimmt sie den Magneten von der Platte und legt ihn
sanft auf die Stelle, etwas über deinem Herzen. Ehe du
dich versiehst, ist der Magnet mit der Haut und deinem
Herzen verschmolzen. Von nun an wird er dich begleiten und unablässig aussenden, dass du bereit bist für die
Liebe. Für eine besondere Liebe. Der Mensch deines
Herzens wird die Signale empfangen, er wird sich an-
gezogen fühlen und in deine Nähe kommen, so dass sich
eure Augen und Herzen treffen.

Wenn du ihn gefunden hast, dann bringe Lena den Magneten zurück. Und, ach ja, bevor du gehst: Bedanke dich
bei ihr. Sie wird sich darüber freuen!

Nun gehe hinaus auf die Straße. Schauen dich die Menschen schon ein wenig anders an? Dann komm doch jetzt
wieder zu mir. Ganz langsam. Du kannst ja immer wieder in die Straße gehen und Lena erneut besuchen. Aber
für den Augenblick komm zurück, und sei da, bei mir,
bei dir und dem Moment, der gerade ist.

»Schön«, schnurrt Nora. »Und du meinst, es wirkt?«
Ihre Stimme zittert leise.

»Klar doch!«, sage ich fest und lächle dabei. »Es hat bei Silvia funktioniert, bei Thomas, Martin und bei Sonja. Also klappt es auch bei dir.«

Manche Wünsche werden wahr.

Wirklich!

Möchten Sie nicht auch einmal zu Lena in den Laden?

Vertrauensbildende Maßnahmen

»Mein Handtaschensystem ist perfekt«, behauptet Annette immer wieder stolz, und sie hat auch allen Grund dazu. In tausend Untertäschchen ist bei ihr all das sortiert, was sie zum Leben braucht. Selbst Spielzeug für ihren kleinen Sohn hat sie dabei. »Wenn ich wollte, könnte ich einfach nur mit dieser Tasche ins nächste Flugzeug steigen und nach Brasilien fliegen. Ich habe alles dabei, was ich für die ersten Tage bräuchte … Es ist nur so«, bekümmert es Annette, »ich traue meiner Ordnung nicht.«

Annette ist gut vorbereitet. Ihre Handtasche hat ein System und eine Logik, die mich vor Neid erblassen lassen; die Tücke lauert jedoch im seelischen Detail. Denn Annette traut sich selber nicht. Und so passiert das, was immer passiert, wenn wir etwas halbherzig angehen oder jemandem nicht trauen – die Sache bekommt einen Haken, Sprung oder wird an einer Stelle undicht. Eine ältere Freundin beschrieb dieses Misstrauen mit dem Satz: »Pass auf, die Vase fällt gleich runter!« Und tatsächlich: Neulich glitt mir eine antike Tasse aus der Hand, da hatte ich nur kurz »Vorsicht, antik!« gedacht.

Was wir erwarten oder befürchten, wird oft Realität. Es gibt viele Experimente zu diesem Phänomen. Nehmen wir einmal an, Sie haben den festen Glauben, dass man auf einer Tanzveranstaltung nicht wirklich Menschen kennenlernen kann. Missmutig lassen Sie sich von einer Freundin mitschleppen, und wie erwartet, ist es hier viel zu laut; viel zu viele Menschen sind zu Gast.

»Hab ich's doch gewusst!«, seufzen Sie genervt. »Man kann hier keine Menschen kennenlernen.«

Ihre Freundin, die das nicht so sieht, zuckt nur mit den Schultern und flirtet gerade heftig mit einem ziemlich attraktiven jungen Mann. Sie hatte eine andere Erwartung an den Abend, und wie es scheint, wird sich diese erfüllen.

Unsere Erwartungen beeinflussen unser Verhalten, und unser Gegenüber reagiert darauf. Wenn wir Pech haben genauso abweisend, wie wir »uns das schon dachten«.

Auch Vorsicht kann eine sich selbst erfüllende Prophezeiung werden. Es geht dann das zu Bruch, was wir unbedingt mit allen Mitteln schützen wollten. Der Mann, mit dem wir unbedingt bis an das Lebensende verbunden bleiben wollten, sucht sich eine andere Frau, die die Liebe leichter nimmt. Der Job, der ganz sicher bleiben sollte, geht uns verloren, weil wir in den Augen unserer Kollegen zu akribisch sind. Bei vielen meiner Seminarteilnehmerinnen sind es Vortragssituationen und Bewerbungsgespräche, die unbedingt und ganz sicher klappen sollen: »Weiß ich wirklich alles?«, fragen sie sich vor einer Prüfung.

Meistens nicht. Das muss auch gar nicht sein. Die Herausforderung liegt vielmehr darin, so viel Vertrauen in sich zu haben, dass man die Sache meistern wird.

Sie haben sich – und das ist ganz sicher – bereits intensiv mit diversen Lebensthemen beschäftigt. Sie bringen Erfahrung und Lebensklugheit mit. Was immer von Ihnen gefordert wird, warum sollten Sie es nicht schaffen? Selbst wenn plötzlich der Computer streikt und Sie ohne Ihre PowerPoint-Präsentation dastehen. Sie werden dennoch wissen, um was es geht, und Ihr Anliegen anschaulich vortragen können. Sie müssen sich nur selbst vertrauen, und das gelingt Ihnen mehr und mehr, indem Sie nicht nur die Momente registrieren, in denen Sie versagen, sondern ein »Sparkonto des Erfolgs« eröffnen. Annette käme immer durch. Mit und ohne gefüllte Untertäschchen. Und ich habe mal eine Prüfung bestanden, obwohl ich keinen blassen Schimmer vom Thema hatte. Ich tat einfach so »als ob« …

Erfolge gelingen nicht mit doppeltem Boden, sondern benötigen die Energie der Selbstsicherheit. Vertrauen Sie darauf, dass Sie Situationen meistern können. Sogar in Brasilien – auch ohne Handtasche mit allem Drum und Dran!

Alles eine Sache des Glaubens

Vieles von dem, was Ihnen wichtig ist, steht in Ihrem Kalender und im Notizbuch. Namen, Projekte, Aufträge, Abläufe, das meiste ist nicht nur im Kopf gespeichert, sondern auch irgendwo notiert. Wir schätzen ein, glauben etwas zu wissen, auch von uns selbst. »Was glaubst du eigentlich, wer du bist?«, wird im Streit kritisch-ironisch gefragt.

Ja, wer sind Sie eigentlich? Haben Sie die Antworten parat?

Sind Sie diejenige, die von Kolleginnen als sanftmütig, zurückhaltend und zuverlässig beschrieben wird? Geben Sie Ihren Kolleginnen recht und behaupten auch, dass Sie eine stille Natur seien? Und woran machen Sie das fest? An welche Erfahrungen ist dieser Glaube geknüpft, oder hat man es Ihnen eingeredet und eingeimpft, so lange, bis Sie es ohne Überprüfung annahmen und irgendwann tatsächlich glaubten? Der Glaube, den wir von uns haben, ist an Erfahrungen, Erlebnisse, Fähigkeiten, Fertigkeiten geknüpft und wird genährt von dem, was andere Menschen über uns sagen und was die von uns glauben.

WAS GLAUBEN *SIE* VON SICH?
FÜHREN SIE DIE FOLGENDEN SÄTZE ZU ENDE!

Ich glaube, ich bin …
Ich glaube, ich kann …
Ich glaube, ich bin unfähig, …
Ich glaube, andere Menschen denken von mir …

Wir glauben etwas – und handeln danach. Wie Sie sich verhalten, ist also nicht zuletzt abhängig davon, was Sie von sich glauben. Man nennt diese Sätze deswegen auch »Glaubenssätze«. Glaubenssätze wirken wie Hintergrundmusik. Sie laufen oft unbewusst ab, haben aber eine erhebliche Wirkung. Der Glaube »Ich bin attraktiv!«

wird Sie weiblicher schlendern lassen als Frauen, die keine so gute Meinung von sich haben.

Glaubenssätze sind wie leere Briefumschläge. Der Glaubenssatz an sich ist neutral. Erst die Bewertungen, die Sie in den Umschlag stecken, verleihen dem Umschlag sein Gewicht und Bedeutung. Ihre Handtasche erhält ja auch erst durch den Inhalt den Stellenwert, den Sie ihr geben, einen individuellen Charakter. Unser Gefühlsleben und Verhalten sind eng mit dem verbunden, was wir von uns glauben. Je nachdem, ob wir davon ausgehen, etwas zu können, oder glauben, dass wir dazu nicht fähig seien, so werden wir uns präsentieren. Gefühle und Glaubensätze funktionieren nach dem Ursache-Wirkung-Prinzip, ähnlich wie »Wenn-dann«-Sätze.

Der Vater behauptete:
»Meine Güte, du lachst immer so laut.«

Die Lehrerin behauptete:
»Menschen, die laut lachen, braucht man nicht ernst zu nehmen.«

Sie könnten also die Glaubenssätze entwickelt haben:
»Weil ich immer so laut lache, nimmt mich niemand ernst.«
»Wenn ich noch einmal so laut lache, dann lädt mich niemand mehr zu einer Party ein.«

Die meisten Glaubenssätze werden bereits in der Kindheit geprägt. Erfahrungen, die in Glaubenssätze verwandelt wurden, wirken wie Filter oder gefärbte Brillengläser. Sind die Brillengläser dunkel, so sehen wir die Welt dunkel. Ist die Brille golden, wird uns auch die Welt golden erscheinen.

Negative Glaubenssätze lassen sich verändern. Wir sind ihnen nicht ausgeliefert. Wenn wir bemerken, dass ein Glaubenssatz uns einschränkt und unser Wesen unsicher macht, können wir jederzeit damit beginnen, einen neuen und besseren Glauben in uns zu entwickeln. Positive Glaubenssätze erleichtern es dem Glück, zu uns zu kommen. Wir gehen dann davon aus, dass schon alles klappen wird. Weil wir daran glauben und uns unserer Kräfte bewusst sind.

Da Glaubenssätze permanent und ständig wirken, müssen Sie Ihre Aufmerksamkeit darauf richten. Was genau denken wir von uns, und wie drücken wir dies aus? Einfach den Satz umzudrehen hilft nicht viel, denn solche Affirmationen wären wie aus einem Abreißkalender. Vielmehr müssen Sie von den positiven Gedanken überzeugt sein, die Sie sich sagen. Wenn das gelingt, dann sind positive Glaubenssätze wie ein heller Stern, dem unser Leben folgt.

Ungute Glaubenssätze sind dunkle Schatten, die Sie in Ihrem Werden aufhalten. Wollen Sie diese einschränkenden Sätze entmachten, so beginnen Sie sie zu hinterfragen. Wenn Sie sich sagen »Ich lache immer zu laut!«, dann fragen Sie sich selbst, ob Sie wirklich *immer* zu laut lachen, oder ob es auch schon Situationen gab, in denen Sie ganz ruhig waren, schmunzelten oder leise kicherten. Aha, da gibt es also eine Ausnahme – und schon stimmt der Glaubenssatz nicht mehr. Sie lachen nicht immer zu laut, sondern nur gelegentlich. Und manchmal lächeln Sie auch nur still.

Und sind Sie tatsächlich *immer* die Doofe? Liebt Sie wirklich *keiner?*

Meinen Sie wirklich, Ihnen werde *niemals* etwas glücken, weil auch in der Vergangenheit *nie* etwas geklappt hat?

Finden Sie die Ausnahmen, und schaffen Sie so eine neue Realität, damit unterstützende Glaubenssätze wachsen können.

Bilden Sie sich was ein!

Ob Sie sich eine Designer-Handtasche gönnen oder eine Billigtasche zulegen, ist abhängig davon, was Sie von sich glauben. Und Sie werden die Tasche so tragen, wie Sie sich sehen. Ein Luxusmodell macht aus Ihnen keine Szene-Queen, aber Sie können sich als Szene-Queen mit Einkaufsbeutel bewegen, wenn Sie von sich glauben, eine zu sein. Oder Sie werden glauben, dass Ihnen schönere und bessere Handtaschen zustehen … und die passende Gelegenheit wird kommen. Unser Glaube hält Dinge von uns fern oder zieht sie für uns an. Es verwirklicht sich das Bild von unserem Leben, das wir im Inneren von unserem Leben haben. Die Menschen, die von sich glauben »Mich will doch keiner. Ich bin und bleibe allein!« werden von keinem Prinzen erlöst. Wer will schon seine Zeit mit jemandem verbringen, der die Ausstrahlung einer einsamen Träne hat. Also hören Sie sich zu. Lauschen Sie, wie Sie mit sich selbst sprechen. »Will dich wirklich niemand?«, könnte man zum Beispiel nachfragen. »Hat sich noch nie jemand mit dir verabredet? In deinem ganzen Leben nicht? Das ist aber arg!«

Der Glauben an sich gehört zum Erfolg, wie das Toast-
brot zum Toaster. Positive Glaubenssätze sind verlockend. Es ist längst an der Zeit, dass Sie Ihr erstes Glau-
bensbekenntnis an sich verfassen. Na, wie lautet der erste
Satz? Schnell notieren, Sie haben sicher ein Büchlein oder
einen Block dabei.

Das Notizbuch: alles, worauf es ankommt

Ohne Notizbuch oder Block
stehen wir ganz schnell im Dunkeln.
Wo sonst können wir sofort festhal-
ten, was nicht verlorengehen darf?
Vom Einkauf über den Buchtipp im
Radio bis hin zu Visionen oder
Blitzgedanken. Jede Notiz kann
Bewegung in Ihr Leben bringen.
Und wenn Sie demnächst zurück-
blättern, finden Sie im Notizbuch
bestimmt den ersten Schritt.

Wofür schlägt Ihr Herz?

In meinem Notizbuch finden sich sehr viele Anfänge. Titel zu Büchern, die ich später schrieb. Adressen, Telefonnummern, Sätze, die mir auf der Straße entgegenflogen. Sogar Lebensentwürfe. Viele entscheidende Gedanken sammelte ich nicht auf meiner Couch, sondern in Zügen und miserablen Hotelbetten, oder sie kamen mir an der Wursttheke in den Kopf. Moment mal, was wollte ich gerade noch bestellen?

Auch Gedichte, die ich im Vorbeigehen las, habe ich notiert. Und Namen von Schriftstellern, deren Werke ich lesen will oder wollte. Auf vielen Seiten ist mein Suchen zu entdecken. Nein, nicht unbedingt nach einem Mann, sondern nach dem, was mich inspiriert, begeistert und leidenschaftlich macht. Das sind bestimmte Themen, aber auch Projekte. Was könnte der nächste Schwerpunkt in meinem Leben sein? Ist es ein weiteres Buch oder diesmal vielleicht ein Film? Welche Gruppen und Firmen will ich beraten? Auf welchem Gebiet sollte ich mich weiterbilden?

Manche Anfänge habe ich verfolgt, anderes verpuffte. Das ist erlaubt. Hauptsache, man fängt mit der Suche erst einmal an und fragt sich aufrichtig und immer wieder: Wofür schlägt mein Herz? Was ist der Sinn meines Lebens? Was ist »mein Ding«? Denn wir sind am erfolgreichsten, wenn wir das tun, was wir wirklich gerne tun; das können wir oft am besten und spielend leicht. Eine solche Einstellung scheint in Profit-Unternehmen nicht gefragt. Dort bestimmen Strategie, Umsatzplan, Kalkül und Marketing die Karrieren. Doch ein hohes Einkommen, viele

Geschäftsreisen, ein gewichtiges Auftreten, all das wird mit der Zeit sehr schal, wenn sich das Herz nicht auch für das begeistert, was ein Mensch tagtäglich tut.

Viele sprechen dabei von Berufung. Ich nenne es lieber »mein Ding finden«; Berufung klingt so heilig, dass ich mich kaum heranwage, aber über »mein Ding« denke ich immer wieder gerne nach. Ich schreibe in mein Moleskin all die Gedanken, die mir dazu kommen. Finde Recherchewege oder bekomme einen Tipp geschenkt. Ich notiere fiebrig und freue mich, dass sich die Seiten rund um das Thema füllen.

Sein »Ding« und damit auch einen großen Anteil an Erfüllung im Leben gefunden zu haben heißt, mit allen Sinnen am Leben teilzunehmen: es sich zu packen, es zu gestalten, es durch sich wirken zu lassen und damit auch andere Menschen zu erreichen. Mit Ihrer Begeisterung bewegen Sie andere Menschen, stiften sie an, motivieren, reißen mit … Nichts anderes ist auch mit dem Wunsch gemeint, »Spuren im Leben zu hinterlassen«.

Aber manchmal ist es gar nicht so leicht, das zu machen, was man am liebsten machen will, und zwar aus einem ganz einfachen Grund: Wir wissen kaum noch, was wir wirklich am liebsten wollen. Oder was antworten Sie, wenn Sie »Was willst du eigentlich« gefragt werden? Jeder von uns könnte tausend mehr oder weniger ungenaue Antworten geben – oder man nennt Pläne, die ganz groß klingen, nicht zu erfüllen, irgendwie phantastisch.

»Bist du betrunken«, erkundigte sich vor vielen Jahren mein Freund Thomas bei mir, »du willst beim Radio arbeiten? Aber du hast doch mit Journalismus gar nichts zu tun! Du hast doch gar keinen Zugang, kennst niemanden. Wie bist du denn auf diese Schnapsidee gekommen?«

Tja, wie war ich auf diese Schnapsidee gekommen? Ich hatte im Auto ein spannendes Interview gehört und mir spontan gedacht: Das will ich auch! An einer roten Ampel notierte ich schnell »Judith fragen«, und mein neuer Weg nahm seinen Lauf. Judith war eine Freundin im damaligen SWF, die mir weiterhelfen konnte.

»Aber ein Name allein reicht doch nicht!«, bohrte Thomas weiter.

»Wenn ich das Radio einschalte«, antwortet ich ganz ruhig, »dann sprechen Menschen zu mir. Die müssen ja irgendwie da hineingekommen sein. Ich werde die Tür schon finden, Judith hilft mir sicher weiter.«

Wenige Wochen später war es bereits so weit. Judith nannte mir einen weiteren Namen, den ich mir wiederum notierte – und schon bald hatte ich ein Praktikum im Funk. Und wenig später bekam ich genau den Traumjob, den ich wollte. Sieben Jahre lang durfte ich Menschen interviewen! Genau das, was ich mir damals im Auto erträumt hatte. Kommen Wunsch und Aktion zusammen, dann sind Erfolge greifbar.

Obwohl es Hürden gab, machte ich mich damals in einer Stimmung zwischen Wollen und Wagemut auf meinen Weg. Im Märchen nennt man das *losziehen, um sein Glück zu finden.* »Judith fragen« war der erste Baustein zu meinem neuen Glück. Damals war ich übrigens schon 34 Jahre alt. Eigentlich ja viiiiel zu alt, um als Journalistin zu beginnen. Ich habe es dennoch gewagt und das Ziel erreicht.

Egal, wie »spinnert« Ihr Traum auch ist, vielleicht können Sie ihn sich erfüllen! Manchmal glückt es ganz,
manchmal nur zum Teil. Gehen Sie beherzt los. Was
auch immer daraus wird, es steht nicht mehr auf Ihrer
Liste und macht für neue Wünsche und Ziele Platz.

Es geht auch portionsweise. Sie müssen keineswegs den
ganzen Wunsch lebendig machen. Auch viele kleine
Schritte führen zum Ziel, und meist ist das nachhaltiger
und genussvoller, als in Sieben-Meilen-Stiefeln durchs
Ziel zu rennen. Sie waren dann erfolgreich und haben
noch Puste für andere schöne Sachen! Statt einer Weltrei-
se sind auch regelmäßige Ausflüge sehr inspirierend. Die
große Schauspielkarriere lässt sich durch Auftritte am
Volkstheater in der eigenen Stadt ersetzen. Hauptsache,
Sie machen das, was Ihr Herz erfreut. Wachsen kann dieses Glück doch allemal, und auch prominent können Sie
noch immer werden. Setzen Sie Ihr Ziel in kleinen Schrit-
ten um. Wenn Ihre Augen leuchten und Sie so gerne von
dem erzählen, was Sie gerade lockt, dann kann es sein,
dass Sie Ihrem »Ding« schon ziemlich nahe sind. Menschen, die das leben, was sie glücklich macht, fließen über.
Sie zeigen sich, wirken, sind verantwortungsvoll und
nehmen andere Menschen mit auf ihrem Weg.

Auch wenn Sie Ihren derzeitigen Job sterbenslangweilig
und »völlig daneben« finden, eine Leuchtkraft lässt sich
eigentlich immer entdecken. Vielleicht mögen Sie eine
Kollegin ganz besonders gern, oder es ist der Kontakt mit
Kunden, der Ihnen Ihre Arbeit rosig macht. Werden Sie
aufmerksam, forschen Sie nach.

Legen Sie sich ein Notizbuch an, wenn Sie bislang nur eine Zettelwirtschaft haben. Notieren Sie darin all das, was Sie beglückt und was Sie in Zukunft glücklich machen könnte. Schreiben Sie auf, was Sie an Ihrem Beruf lieben, und warum Sie gerne mit bestimmten Menschen zusammen sind. Finden Sie heraus, was Sie froh und zufrieden macht, damit Sie es in Zukunft mehren können.

Wenn wir das Gute suchen, dann richtet sich unsere Konzentration darauf aus. Wenn wir nur nach dem schauen, das uns gegen den Strich geht, ebenfalls. Im einen Fall werden Sie kreativ und können etwas verändern. Im anderen Fall rollen Sie die Augen und verziehen den Mund.

Ihr Notizbuch wird Ihnen auf dem Weg zu Ihrem Herzenswunsch eine Hilfe sein. Denn die meisten Seelengedanken kommen vermutlich auch bei Ihnen *wie nebenbei,* kurz bevor Sie in süße Träume tauchen oder mitten in der Nacht. Swantje kann zum Beispiel nicht eher wieder einschlafen, bis sie die Gedanken aufgeschrieben hat. Und ich werde ganz narrisch, wenn ich auf einer Autofahrt alle Ideen im Kopf behalten will. Oder wenn ich schwimme. Einmal habe ich mir deswegen einen Block mit ins Hallenbad genommen. Na, Sie können sich denken, wie leserlich meine Notizen waren!☺

Schreiben Sie auf, was Ihnen durch den Kopf wandert, damit Sie später in Ruhe alle Notizen sortieren können. Oft genug beginnt die wundersamste Veränderung im Leben nur mit einem Wort oder einem kurzen Satz. Welche Notiz wird wohl Ihr Leben verändern?

Erfolg hat ein Rezept ...

... und das gilt es, in Ihr Notizbuch zu schreiben. Nicht nur, damit Sie es nicht vergessen, sondern um es zu modifizieren, anzupassen, zu verändern. Ihre Erfolgsstrategie setzt sich aus vielen Einzelteilen und all Ihren bisherigen Erfahrungen zusammen, die Sie in der Vergangenheit gemacht haben. Sie lernen jeden Tag und bauen auf dem Gelernten auf.

Nehmen wir zum Beispiel an, Sie wollten einen kleinen Spaziergang machen. Sie ziehen Schuhe und Jacke an – und schon geht's los, hinaus ins Grüne. So machen Sie es doch, oder? Oder setzen sich erst einmal hin und denken nach? »Spazieren, wie ging das? Ach ja, zunächst mal einen Schritt vor den anderen setzen. Erst den rechten Fuß, dann den linken und dann, glaube ich, wieder rechts, oder war es noch mal links? Hoffentlich krieg ich das nachher hin ... Oder soll ich lieber jemanden bitten, mich an die Hand zu nehmen?«

Nein, dieser Aufwand ist nicht nötig. Sie wissen genau, wie Gehen funktioniert, und halten sich nicht mit der simplen Schritttechnik auf. Sie bauen auf die Erfahrung von tausend Spaziergängen, die Sie im Leben bereits gemacht haben, und Sie vertrauen sich in diesem Punkt komplett und ganz und gar.

So Sie gesund sind, können Sie sich auf gut Gelerntes und vielfach Erprobtes einfach verlassen. Wie beim Gehen, so ist es auch in der Partnerschaft, im persönlichen Leben und beim Gipfelerklimmen im Beruf. Um voranzukommen, müssen wir uns an Vergangenes erinnern und uns dessen sicher sein. Kein Abc-Schüler beginnt jede Woche wieder ganz von vorne mit der Fibel. Er vertraut darauf, dass er inzwischen ein A von einem K und das von einem M unterscheiden kann.

Eben war's noch da ...

Manchmal aber, so scheint es, haben wir das vergessen. Wir wollen etwas verändern, uns bewerben oder eine schöne Herausforderung annehmen und fühlen uns, als wüssten wir gar nichts. Im Kopf Leere und das Herz schwer. In der inneren Handtasche herrscht Chaos. Wir trauen uns nichts zu, erinnern uns nicht mehr daran, was wir können. Anstatt zu schauen, wo denn die nützlichen Erfahrungen abgespeichert sind, tun wir so, als hätten wir noch nie welche gemacht. Und auch auf unserem Notizblock, im Tagebuch, in Aktenordnern und verschiedenen Zetteln finden wir immer nur Hinweise darauf, was noch alles fehlt. Längst ist es an der Zeit, im Kalender oder Notizbuch das zu notieren, was wir alles bereits können.

Wie oft habe ich mir Pfefferminzpastillen gekauft, obwohl ich noch welche in meiner Handtasche hatte! Als die Lust auf Pfefferminze kam, dachte ich automatisch: ›Mist, schon wieder nichts dabei!‹, und schaute gar nicht erst nach. Ich vertraute nicht darauf, dass ich längst daran gedacht hatte.

Jeder Mensch baut sich seine Erfolge auf sehr individuelle Weise: sein persönliches Erfolgsrezept.
- Petras Flirtrezept lautet: einfach ignorieren, dass der andere nicht will. Es funktioniert. Ab einem gewissen

Punkt werden die Männer schwach, geben ihren Wi-
derstand auf und beten Petra an.

- Susanne bekommt die besten Jobs, weil Sie sehr char-
mant verheimlicht, wo sich ihre Lücken befinden. Und
hat sie erst einmal den Job, dann füllt sie die Lücken
schnell per learning by doing auf.
- Mica findet die tollsten Wohnungen, weil sie einfach
bei den Nachbarn fragt. »Ist die Wohnung neben Ihnen leer? An wen kann ich mich wenden?« Die schönsten Wohnungen hat sie sich auf diese Weise erfragt.

All diese Wege führen zum Erfolg, und es gibt noch tausend Möglichkeiten mehr. Kennen Sie Ihre ureigenste
Strategie? Das Wissen, wie Sie selbst auf den Erfolg zu-
gehen, hilft Ihnen enorm weiter, da auf diesem Grundmuster viele andere Muster aufbauen. Sie wissen dann
genau, ob Sie besser unter Druck arbeiten oder Ihnen ge-
nügend Zeit sehr wichtig ist. Ob Sie Hindernisse als Herausforderung oder Bedrohung betrachten. Ob Sie es als
angenehm oder lästig empfinden, wenn andere Sie auf
Ihrem Weg unterstützen. Und Sie wissen dann, wie Motivation gestaltet sein muss, damit sie Sie erreicht.

Erfolge hat man nicht nur im Beruf. Erfolg ist auch, eine
neue Wohnung zu finden, einen Mann für sich zu gewinnen, in einer Auktion den Zuschlag zu erhalten, eine
Pflanze im Garten, die gedeiht, ein Buch zu schreiben,
auf der Blockflöte die »Vier Jahreszeiten« anzustimmen.
Erfolg zu haben ist wie ein Strickmuster, eine innere
Haltung, eine Strategie, die man verfolgt.

Unser erstes Erfolgserlebnis

Die Strategie haben wir uns einst selbst zurechtgebastelt. Das bedeutet nicht, dass wir sie nicht verändern dürfen oder können. Wenn Sie Ihre persönliche Strategie finden möchten, ist Ihr erstes Erfolgserlebnis hilfreich:

Wann war *Ihr* erster Erfolg im Leben? Wie haben Sie ihn sich zusammengebastelt? War noch jemand daran beteiligt, oder erlebten Sie den Erfolg allein? Bedurfte es Motivation von außen, brauchten Sie Lob und Anerkennung von Ihrer Familie?

Es war Mitte der sechziger Jahre. Ich muss etwa drei oder vier Jahre alt gewesen sein. Meine Eltern hatten damals ein kleines Hotel in Königstein. Gutbürgerliche Küche, gutbürgerliche Zimmer, gutbürgerliches Essen. Gegen 13.00 Uhr gab's Mittagstisch. Ich ging allein vom Kindergarten nach Hause. Ich habe das damals sehr genossen und kann diese Stimmung noch heute nachfühlen: allein zu gehen, keiner zieht und zerrt an dir, jeder Schritt im eigenen Tempo, Umwege sind erlaubt. Schon damals liebte ich diese Selbständigkeit und die Freiheit, Orte zu erkunden.

Neben unserem Hotel war eine Kohlenhandlung. Auch dort war Mittagszeit und weit und breit niemand zu sehen. Hinter dem großen Scheunentor, das hatte ich natürlich längst erkundet, waren hohe Kohlenberge. Eierkohle, Stück für Stück aufgehäuft. Mein Ziel war es, den höchsten Kohlenberg zu besteigen, und ich hatte nur noch auf den geeigneten Tag und den richtigen Moment gewartet. An diesem Sommertag war es endlich so weit. Ich fühlte mich stark und mutig genug, um mit meiner Besteigung zu beginnen. Niemand bemerkte, wie ich zurück ins Abenteuer stürzte, und vermissen würde man mich erst später …

Ich öffnete das Tor und schlüpfte in die Scheune. Da waren sie, direkt vor mir, ganz nah! Meine Kohlenberge! Hoch, dunkel und geheimnisvoll. Dann ging es los. Aber es war mühsam! Ich stieg ein paar Schritte nach oben und rutschte gleich wieder ab. Die Eierkohlen kullerten, ich verlor das Gleichgewicht, fand es wieder, tat einen neuen Schritt, rutschte wieder ab, wurde schmutzig, atemlos, der Staub flirrte im Sonnenlicht, ich schnaufte, kämpfte, kam dem Ziel immer näher und erreichte es schließlich – ganz ohne Sauerstoffmaske und Basislager. Ein Rauf und Runter, ein Rutschen und Mühen. Aber: Ich hatte den Gipfel erklommen! Und da stand ich nun. Stolz, schmutzig, glücklich. Mit roten Wangen und leuchtenden Augen genoss ich meinen Sieg. Ganz allein mit mir und für mich. Durch die Ritzen des Scheunentors konnte ich nach draußen auf die Straße sehen. In der mittäglichen Sonne gingen die Menschen – und ahnten nicht, dass nur wenige Meter von ihnen entfernt eine echte Heldin geboren worden war!

Ich könnte selbst ganz rührselig werden, wenn ich diese Geschichte erzähle. Dieses kleine Mädchen und der große, schwarze Berg! Allerdings, unter dem Erfolgsneonlicht betrachtet, sieht das Muster nicht mehr ganz so rührend aus. Vieles habe ich erreicht, aber unter welchen Mühen! Immer wieder zog mich das Muster à la Kohlenberg magisch an. Nie ging ich den einfachen Weg. Immer wieder musste ich erst mal viel Staub, Geröll und Schmutz überwinden und mich immer wieder aufrappeln, bis ich mein Ziel erreichte.

Die Zutaten meines Erfolges

Ich gehe allein.

Ich suche mir ständig neue Kohlenberge.

Ich falle.

Ich stehe auf.

Ich motiviere mich allein.

Ich brauche kein Lob von außen.

Ich kann mich selbst begeistern und alleine freuen.

Aber diese Bergtouren koste meine ganze Kraft.

Als ich das erkannte, fragte ich mich verblüfft: Kann ich Ziele nicht auch einfacher erreichen?

»Wie du das gemacht hast, mag ja interessant sein«, meinte meine Freundin Margit und nippte dabei genüsslich an ihrem Wein, »mir wäre dieser Weg aber zu anstrengend.« Sie dachte eine Weile nach. »Mein erstes Erfolgserlebnis hatte ich auch als kleines Kind«, begann sie zu erzählen. »Meine Großeltern hatten einen Bauernhof. Eines Tages setzte mich mein Großvater auf den Rücken des Ackergauls und führte mich über den Vorplatz unseres Hofes. Ich fühlte mich wie eine Königin! Als könnte ich alles schaffen. Dabei hatte ich gar nichts selbst geschafft. Nicht mal auf das Pferd war ich allein hochgekommen! Mein erstes Erfolgserlebnis kam einfach auf mich zu. Es wurde mir geschenkt. Und so ist es geblieben. Der Erfolg kommt, und ich setze mich auf seinen breiten Rücken.«

Wie bitte? So leicht konnte man sich also auch eine Strategie entwerfen? So, wie ich an die schwierigen Kohlenberge glaubte, glaubte Margit an den breiten Rücken des Erfolges. Und es funktionierte! Bei ihr wie bei mir. Nur, dass ich die Atemlosere von uns beiden war. Obwohl ich meine Kohlenberggeschichte wirklich liebe, habe ich nach dem Abend damit begonnen, etwas zu verändern. Sie können sich bestimmt vorstellen, wie dick die Notiz war, die ich in mein kleines Büchlein machte!

Denke ich heute an Erfolg, dann beschwöre ich nicht mehr die Kohlenberge, sondern erinnere mich an Margit, den Großvater und den Ackergaul ... Denn wie wir uns etwas vorstellen, so wird es sein. Unsere Idee von Erfolg baut auf den ersten Erfolgsrezepten auf. Fast könnte man von Erfolgsgeheimnissen sprechen, denn den meisten Menschen sind sie nicht einmal selbst bekannt. Wollen Sie also zukünftig einen neuen Weg einschlagen, dann fängt dies bei Ihren Gedanken und inneren Bildern an.

Finden Sie Ihr erstes Erfolgserlebnis. Und damit meine ich, wirklich das *erste* Erfolgserlebnis Ihres Lebens. Wann haben Sie erstmals jenes Gefühl gespürt, das ich auf dem Berg erlebte und das wir heute mit einem lauten »Yes!« oder »Jawoll!« ausdrücken?

Spazieren Sie in Ihrem Leben zurück. Ein Jahr weiter und noch ein paar Monate zurück und noch ein paar Tage. Wann war das erste Mal? Und vor allem: Wie war es? Schauen Sie sich die Bilder an, und zerlegen Sie sie in Einzelteile. Brauchten Sie Motivation? Musste jemand dabei sein? Sind Sie eher Einzelkämpfer, oder siegen Sie am liebsten gemeinsam mit einem Team? Darf Ihnen etwas geschenkt werden, oder müssen Sie sich plagen?

Gehen Sie in der Zeit sehr weit zurück. Wenn sich Erlebnisse in der Pubertät melden, dann erkunden Sie, ob es vor diesem Zeitpunkt noch ein weiteres Erfolgserlebnis gab. Spüren Sie in sich hinein, und betrachten Sie sich die Bilder ...

Haben Sie etwas entdeckt? An jenem Kindergartentag oder an einem der ersten Schultage? Dann malen oder schreiben Sie diese Geschichte auf. Sie haben nun eines oder *das* Grundmuster Ihres Erfolges.

Wie sollen Ihre zukünftigen Erfolge aussehen? Machen Sie sich ein Bild, drehen Sie einen inneren Film. Nun schauen Sie sich diese Sequenzen immer wieder an. Ihr Drehbuch ist wirksam und wird sich in Ihrem Alltag durchsetzen. Hauptdarstellerin sind Sie! Machen Sie sich viele Notizen, und drehen Sie die inneren Erfolgsfilme immer wieder neu. Denn der erste Dreh ist nicht unbedingt der beste.

Packen Sie Ihre Erfolgshandtasche ab und zu um, und schauen Sie sich dabei zu. Was kommt hinein? Was fliegt raus? Wir sind nicht nur die Herrinnen unserer Handtaschen, sondern auch unseres Lebens und damit unseres Erfolges.

Ihr Tag am Meer

Manchmal benötigen wir eine Notiz, damit wir nicht vergessen zu entspannen. Eine Erinnerung daran, dass es auch in hektischen Zeiten Pausenmomente gibt, die uns ermöglichen zu »verreisen«. Dorthin, wo wir den bislang schönsten Urlaub verbracht haben, wo wir glücklich waren, körperlich und seelisch entspannt. Ich bin gerne in den Schweizer Bergen, schmecke die klare Luft, sehe

grüne Wiesen, und alles in mir ist rund und wohl. Mal
eben ausspannen. Mal eben auftanken. Mal eben wegge-
hen – aus der U-Bahn, vom Schreibtisch, aus der Küche.
Ist es bei Ihnen vielleicht das Meer, das Ihre Seele auftanken lässt?

MIT DER SEELE AUF REISEN

Die Füße sind nackt. Die Zehen graben sich wohlig in
den warmen Sand. Sommerluft berührt Ihre Haut und
Ihre Seele. Möwen rufen. Muscheln schmücken den Weg,
Kinder planschen in den Wellen. Sie können sie hören
und die Freiheit, die Ihnen diese Stunden schenken, in
der Seele fühlen. Ein Tag am Meer. Es riecht nach Salz
und Ferne. Sie sind frei, entspannt und geerdet. Alles ist
gut, alles wird gut, weil es Ihnen gutgeht. Was immer
auch kommt, Sie werden es in Ruhe und mit Gelassen-
heit schaffen. Es gibt nichts, was eilt oder drängt. Die
Wellen rauschen und tragen alle Besorgnis mit sich hinaus zum Horizont. Die Wolken werfen kleine Schatten.
Auf den Dünen tanzt das Gras. Herzen fliegen Ihnen zu.
Welch ein Glück, in diesem Augenblick an diesem Strand
zu sein.

Es ist so herrlich am Meer! Und wir müssen uns nicht
einmal zwei Wochen Urlaub nehmen, keine teuren Flü-
ge buchen, denn alle Eindrücke tragen wir abrufbereit in
uns. Das bedeutet natürlich nicht, dass ein wirklicher Tag
am Meer nicht viel schöner ist, als sich vom Schreibtisch
aus dorthin zu phantasieren. Aber wenn es nicht anders
geht, tut solch eine kleine Seelenspritztour richtig gut.
Mit der Seele am Meer, in den Bergen, in der Heideland-

schaft. An jenen Orten, an denen Sie sich wohl fühlen und schnell entspannen.

Je lebhafter Sie sich erinnern können, umso besser gelingen Ihnen diese Seelenreisen, und Sie können die entspannende Wirkung nutzen: Diese kleinen Ausflüge – ohne Stau und Butterverkauf, auch gutes Wetter und ausreichend Urlaubsgeld sind überflüssig – schenken Ihnen an hektischen Tagen Ruhe und Ausgeglichenheit. Wenn es Ihnen hilft, hören Sie dazu die passende Musik. Seelenreisen sind wertvolle Pausen, da unsere Psyche nicht unterscheidet, ob wir wirklich am Meer sitzen oder nur einen Gedankenspaziergang machen.

Ich bin mal eben weg …

Damit diese Reisen auf Anhieb gelingen, sollten Sie sich in einem ruhigen Moment erinnern, welches Ihr schönster Urlaubsmoment war. Holen Sie sich diese Situation vor Ihr inneres Auge, und bereisen Sie ihn mit all Ihren Sinnen. Welche Geräusche nehmen Sie dort wahr? Wie fühlt es sich an diesem Ort an? Was können Sie riechen, schmecken und sehen?

Je intensiver diese Bilder sind, desto schneller setzt die Entspannung ein! Ihr Reiseziel muss nicht einmal der Wirklichkeit entsprechen. Sie dürfen mit dem inneren Farbkasten dazuzaubern, was Ihnen fehlt und zur Entspannung beitragen könnte. Sie dürfen Filmmusiken komponieren und alle Düfte integrieren. Ich selbst verändere meine Schweizer Berge immer wieder. Mal ist es eine Kuh mehr, mal ist der Bergsee türkis, dann blau – aber stets fühle ich mich wohl. Damit ich mich an meine Entspannungsoasen erinnere, habe ich Bilder mit Bergseen über meinem Schreibtisch aufgehängt. Kitschige Postkarten und einige Notizen, die ich mir auf meinen wirklichen Urlaubsreisen in die Berge gemacht habe. Ich habe in Luzern am See gesessen und die Berge in mein Moleskin gezeichnet. Mir den Namen der Bergbahn notiert, die mich auf eine Höhe brachte. Und ich habe einen Schnappschuss von mir und Andréa, meiner Luzerner Freundin, in mein Buch geklebt. Jetzt sind all diese Zeichnungen, Bilder und Notizen meine persönliche Bergbahn ins Glück.

Auch Sie haben so ein ganz privates Reisebüro mit flexiblen Öffnungszeiten: Nutzen Sie es. Im Zug. Vor dem Einschlafen. Am Schreibtisch … Reisen Sie mit den Gedanken und mit dem Herzen. Genießen Sie diese Kurzurlaubsmomente, und spüren Sie das Angenehme, das aus diesen inneren Bildern strömt. Sie werden in nur wenigen Minuten erholter und wieder zuversichtlicher sein. Innere Bilder bauen auf! Und, welch Erleichterung, Postkartengrüße an andere bleiben Ihnen erspart.

Rescue me!
Gute Tropfen für die Not

Aus vielen Handtaschen sind sie nicht mehr wegzudenken, die Helfer in der Not, die uns schnell beruhigen und dafür sorgen, dass wir wieder einen klaren Kopf bekommen. Aber es geht auch ohne Tropfen ...

Wie viele Hochzeiten stehen gerade an?

Die meisten Frauen, nicht nur Conny, Karoline, Annette und ich, würden am liebsten auf verschiedenen Hochzeiten gleichzeitig tanzen. Alles soll parallel machbar sein. Manche von uns möchten dabei zudem nicht nur gut sein, sondern perfekt. Die eigenen Bedürfnisse werden hintangestellt und die unterschiedlichen Anforderungen wie Teller auf Stäben jongliert. Doch das Leben ist kein Zirkusakt! Oft genug fallen Teller herunter, und die anderen beginnen gefährlich zu eiern.

Jedem Menschen, auch Ihren Freundinnen und Ihnen, stehen nur 24 Stunden pro Tag zur Verfügung, und die Anzahl der Teller, die wir jonglieren können, ist nicht grenzenlos. Müdigkeit, Überforderung, körperliche Beeinträchtigungen, Angst und Verleugnung der eigenen Bedürfnisse können schnell aus der Balance bringen, was lange wie ein reibungsloser Ablauf erschien.

Vielleicht ist auch Ihnen die Situation nur allzu gut bekannt: Man steht völlig unter Strom, weiß nicht, wo zuerst beginnen – und dann beginnt plötzlich das Ohr zu klingeln, oder einem wird schwindelig, oder man ist nur noch erkältet ... Kurzum, Körper und Seele haben gemerkt, dass der Stress zu viel wird, und reagieren entsprechend. Leider richtet sich die Aufgabenlage nicht danach, und das wiederum führt dazu, dass sich viele Menschen mit Medizin vollstopfen, ohne sich wirklich um ihre Bedürfnisse zu kümmern. Stress braucht keine Medizin, sondern Achtsamkeit. Rescuetropfen helfen Ihnen einen Moment lang weiter, aber eine Situation generell ändern können Tropfen leider nicht. Wenn Sie merken, dass Ihnen alles zu viel wird, ist es Zeit, einen Gang runterzuschalten oder eine Pause einzulegen. »Ich bin dann mal weg!«, könnten Sie zum Beispiel sagen und eine innere Kurzreise ans Meer antreten. Wie Sie schnell an einen Sandstrand kommen? Blättern Sie im »Notizbuch« nach. Klar können wir darauf warten, dass sich die hektischen Wogen wieder glätten, aber ich bin immer für Maßnahmen, die wir selbst und aktiv gestalten können. Dazu gehört auch der Pegel der gefühlten Hektik.

Mir ist alles zu viel!

Stress beginnt da, wo Sie sich einer Situation ausgeliefert fühlen. Stress löst einen spürbaren inneren Druck aus, auf den viele Menschen mit seelischen und/oder körperlichen Symptomen reagieren. Das Herz schlägt schneller, die Muskeln verspannen, der Mund wird trocken, die Zunge klebt. Für die Menschen in der Steinzeit war dieser Stress das Signal zum Sprung, zur Verteidigung, zum Angriff. Sie sahen den Bären, blitzten ihn grimmig an, und dann rannten sie entweder weg oder begannen mit dem Kampf. Wir reagieren heute noch genauso, obwohl kein Bär in unsere Hütte eindringen will. Das Urverhalten unseres Körpers, seine Signale, sind gleich – dabei ist der Auslöser vielleicht nur eine E-Mail.

Der Begriff Stress stammt nicht aus der Medizin oder Psychologie, sondern aus dem Vokabular der Physik und bedeutet den Zug oder Druck auf ein Material. In den 1950er Jahren übertrug der Mediziner Hans Selye diesen Begriff auf den Menschen. Zug und Druck setzte er mit innerlichen und äußerlichen Reizimpulsen gleich.

Stress verursacht eine Art von Tunnelblick. Wenn Sie einen Bären erlegen wollen, ist es nicht sehr unterstützend, gleichzeitig über das schmutzige Geschirr in der Küche nachzudenken. Die ganze Energie richtet sich auf einen Punkt. Das hat die Evolution so vorgesehen und ist angesichts eines hungrigen Bären auch sinnvoll. Der Tunnelblick zeigte unseren urzeitlichen Vorfahren, wo der Ausgang, der Fluchtweg ist. In unserer heutigen Welt hindert uns der Tunnelblick allerdings daran, unter Stress alle Lösungen wahrzunehmen, die möglich wären, oder kreativ zu sein und Lösungen zu finden. Deshalb gilt bei Stress als erste Regel: ruhiger werden und wieder in die Entspannung kommen. Sie sind dann noch genauso konzentriert, aber die Handlungsmöglichkeiten haben sich vermehrt, denn der Blick wird weiter. Stress bedeutet, dass etwas in Bewegung ist, verändert werden soll. Also erst einmal nichts Schlechtes. Die Art und Weise, wie wir Stress erleben und was wir selbst dafür tun, um ihn zu regulieren, wird diese Veränderung unterstützen oder sogar sabotieren. Sie kennen das: Wenn Ihr Vater nervös im Straßenatlas blätterte, kam die Familie meistens mit Verspätung nirgends an. Und wenn das Handy während der Ouvertüre klingelt, ist es in der Hektik unauffindbar und rutscht, hämisch wie es ist, nur noch ein Stückchen tiefer in die Versenkung.

Leider lassen sich viele Stresssymptome nicht auf Knopfdruck abstellen. Denn so, wie er sich aufbaut, so muss er auch wieder abgebaut werden. Körper und Seele benötigen dafür etwas Zeit, erst dann schwingt die Spannungskurve wieder *gesund*. Natur, tiefe Atmung, das Schulen der Gedanken, ein paar Schritte im Büro oder im Garten – all das kann aber den ersten Stresspegel bereits ein wenig abklingen lassen. Langfristig sollten Sie sich freilich überlegen, was Sie besonders stresst und wie Sie optimaler reagieren könnten.

Oder macht Stress Sie munter? Brauchen Sie ihn, um auf Höchstform aufzulaufen? Arbeiten Sie richtig leidenschaftlich unter Druck?
Oder werden Sie durch Stress zum Hasen, der sich duckt und die Ohren anlegt? Denken Sie, hoffentlich ist diese Hektik gleich vorbei?

Ist doch nur alles halb so doppelt

Je nach Typ werden Sie den Stress zeitweise sogar lieben, oder Sie sind schon gestresst, wenn Sie nur daran denken. Stress ist nämlich nicht gleich Stress. Zuweilen kann er sogar richtig positiv sein. Zum Beispiel, wenn Sie Ihre eigene Hochzeit oder die Taufe eines Kindes vorbereiten. Immer wenn Sie etwas richtig gerne tun, so wie ich das Schreiben, ist viel Arbeit zwar auch noch Stress, dann aber als aufgeregtes, kribbelndes Gefühl. Trotz Turbulenzen geht es einem wunderbar! In diesem Fall handelt es sich um den sogenannten Eustress. Der Stress hingegen, der uns belastet und atemlos macht, wird Distress genannt. Er mobilisiert oder blockiert uns mit Befürchtungen und Angst.
Um Distress, in der Regel nur Stress genannt, auszulösen, muss etwas da sein, das uns stresst. Das kann Zeitmangel sein, ein komplexes Projekt, beruflicher Druck, aber auch Hitze, Lärm, hoher oder niedriger Luftdruck. Selbst Musik kann bisweilen stressen. Oder eine hektische Bil-

derabfolge. Manche Menschen fühlen sich von Zigarettenrauch in Kneipen gestresst oder von überfüllten Straßenbahnen. Irgendetwas ist also nicht »gesund«, nicht so, wie es sein soll.

Das Stressempfinden ist sehr individuell. Deswegen fühlen wir uns auch erst recht gestresst, wenn uns jemand väterlich rät »Nu' mach mal halblang!« oder besserwisserisch mit einem »Warum lässt du dich denn so stressen?« daherkommt. Es wird als Übergriff erlebt, wenn uns jemand sagt, wie wir mit *unserem* Stress umzugehen haben, denn es sind persönliche Einstellungen, Erwartungshaltungen, Ängste und Befürchtungen, die Stress auslösen.

Typische Stressoren sind Überforderungen, zum Beispiel durch Doppelbelastungen durch Beruf und Familie, oder familiäre Auseinandersetzungen. Wenn Sie gegen Belastungen wie Stress etwas unternehmen wollen, dann schieben Sie alle Tropfen, Pillen, Alkohol, Zigaretten und auch Süßigkeiten zur Seite, und beginnen Sie etwas an Ihrem Leben zu verändern. Das können nur Sie und niemand sonst.

Was genau stresst Sie?

- Ist Ihnen der Job zu viel?
- Die Doppelbelastung?
- Fühlen Sie sich von anderen Menschen unter Druck gesetzt?
- Setzen Sie sich selbst unter Druck?
- Belastet Sie ein ungelöster Konflikt?
- Wollen Sie 120 Prozent abliefern, obwohl 80 Prozent allemal genügen würden?

Die Erkenntnis ist das Tor zu einer besseren Zeit. Aber vielleicht ist es ja auch gar kein Stress, sondern Sie sind lediglich

• umtriebig
• ein Hansdampf in allen Gassen
• ein Organisationstalent
• wissbegierig
• allem gegenüber aufgeschlossen
• vielseitig
• kreativ

Auch abhängig davon, wie wir etwas benennen, kann es stressauslösend oder -lindernd wirken. Achten Sie doch mal auf die Worte, die Sie zu sich sprechen. Sagen Sie zum Beispiel »Ich bin am Ende meiner Kräfte«, wenn Sie einen vollen Arbeitstag hatten? Ihre Psyche nimmt Sie ernst. »Ich bin am Ende meiner Kräfte« ist dabei eine große Aussage. Entsprechend werden Körper und Seele reagieren. Vielleicht passt ja besser zu der Situation »Heute war es aber doch ein wenig viel!« Merken Sie, dass hiermit andere Emotionen angesprochen werden? Einmal sind wir Opfer, einmal behalten wir die Zügel in der Hand.

KLEINE ENTSPANNUNGSHILFEN

• Wenn Sie gerade in einem Hotel sind:
Setzen Sie sich auf das Bett, und schließen Sie Ihre Augen. Spüren Sie Ihren Atem, und hören Sie, wie er durch die Nase in und aus Ihrem Körper fließt. Legen Sie die Zungenspitze beim Atmen an den Gaumen, das fördert die Entspannung, weil es den Atem vertieft.

• Falls Sie die Möglichkeit haben, ins Freie zu gehen:
Machen Sie für sich allein ein paar kleine Schritte. Die
Bewegung und die Luft helfen Ihnen, wieder in Kontakt
mit sich und den natürlichen Elementen zu kommen.
Spüren Sie den Boden, achten Sie auf den Vogelgesang
und das Rauschen der Bäume. Ihr Tritt ist fest und wird
Sie wieder in die Ruhe führen.

• Gibt es Grün in Ihrer Nähe:
Saugen Sie dieses förmlich in sich ein. Grün ist eine Farbe, die auf die Seele wirkt, die gelassen und gleichzeitig
zuversichtlich macht. Wenn Ihnen die Farbe Blau besser
gefällt, dann suchen Sie möglichst das Blau im Himmel,
oder stellen Sie sich einen blauen Sommerhimmel vor.
Man sagt, dass Blau die Heilungskräfte fördert. Suchen
und kleiden Sie sich in Farben, die auf Sie beruhigend
und positiv wirken.

• Schulen Sie Ihre Gedanken!
Vieles von dem, was uns durch den Kopf geht, ist längst
nicht so wichtig, wie wir meinen. Oft genug handelt es
sich sogar um einschränkende Glaubenssätze oder Selbstbeschimpfungen. Wie wir mit uns selbst sprechen, hat
erhebliche Auswirkungen auf unser Lebensgefühl. Somit
können Gedanken uns unterstützen oder eine zusätz-
liche Belastung darstellen.

• Welche inneren Bilder tun Ihnen gut?
Einer meiner schönsten Momente war in einer Nacht, in
welcher der Vollmond auf die verschneiten Dächer der
umliegenden Häuser fiel. Der Schnell glitzerte, als hätte

eine Fee kleine Diamanten darauf verstreut. Eine nächt-
liche Wunderwelt. So schön, dass ich ungläubig am Fenster stand. »Wenn Schnee so funkeln kann, dann gibt es
auch Wunder«, habe ich in dieser Nacht beschlossen.

- Ist Himmel über Ihnen, Sonne oder Mond und
  Sterne?
Sie sind beschützt! Etwas ist in und über Ihnen, das Sie in
die Ruhe bringt und gute Lösungen möglich macht.

Ganz »da« sein

Sich auf das zu konzentrieren, was gerade da ist, seien es
Gedanken, Gefühle, körperliche Empfindungen, Geräusche, nennt man auch Achtsamkeit. Achtsamkeit hilft
Ihnen, sich nicht zu verzetteln, nichts mehr innerlich zu
kommentieren, sondern zuzulassen. Damit nehmen Sie
auch sich und nicht nur andere ernst und wichtig. Die
Achtsamkeit bewirkt, dass wir mehr Abstand zu uns
selbst bekommen und uns weniger mit dem Stress identi-
fizieren. Diese Einstellung ermöglicht es, schneller und
klarer zu erkennen, wo Sie etwas neu gestalten wollen
und welche Wege der Umsetzung es gibt.
Achtsamkeit lehrt uns zu akzeptieren, wenn wir etwas
hinnehmen müssen, und unterstützt uns gleichzeitig darin, Kraftquellen zu finden.

Vom Problem zur Lösung

Nehmen wir einmal an, Sie bemerken, dass in Ihrem beruflichen Umfeld etwas nicht so läuft, wie Sie es gerne

hätten. Vielleicht gibt es einen zwischenmenschlichen Konflikt, Sie haben eine Zielvereinbarung nicht erfüllt, oder Ihr Vorgesetzter/Ihre Vorgesetzte ist in einer bestimmten Angelegenheit nicht Ihrer Meinung. Sie müssen sich klar ausdrücken, darstellen, berichtigen, durchsetzen oder neue Ideen präsentieren. Kurzum, Sie denken: »Ui. Mist, jetzt habe ich aber ein Problem!« Und mit diesen Worten spüren Sie vielleicht auch schon ein ungutes Gefühl, das sich in Ihrem Bauch breitmacht.

Probleme sind immer etwas Unangenehmes. Bereits diesen Satz zu denken macht uns ein wenig kleiner. Im Grunde genommen, sind Probleme wie Sackgassen oder Berge, die uns kaum bezwingbar erscheinen.

Egal, ob wir das Problem haben

- zu rauchen,
- zu viel zu wiegen,
- den Kollegen nicht zu mögen oder
- in unserem Tun keinen Sinn zu sehen.

Oje. Wir haben also schon dadurch ein Problem, dass wir ein *Problem* haben. Weshalb so kompliziert? Ich komme noch darauf. Bleiben wir aber erst einmal bei der problematischen Situation: Wenn wir von einem Problem sprechen, dann oft auch davon, dass wir es *bezwingen* möchten. In »bezwingen« steckt das Wort Zwang. Doch wer lässt sich schon gerne zwingen? Sie nicht. Und das Problem (bzw. die Lösung) auch nicht. Wenn aber zwei nicht wollen, dann wird es im wahrsten Sinne des Wortes »problematisch«, der Kopf ist verwirrt und die Lösungsfindung schwierig.

Wer ein Problem hat, der weiß auch, wie das Leben wäre, wenn er keines hätte – zumindest dieses eine nicht. Wir wissen also, wie es sein soll, sehen jedoch oft nicht, wie wir dorthin gelangen können.

Eine Lösung finden zu *müssen* kann einen ganz schön unter Druck setzen. Aber die besten Lösungen kommen am liebsten leicht und von allein. Erzwungene Lösungen sind deshalb oft faule Kompromisse. Bei vielen Menschen beginnt die Lösung bereits mit den Worten, die sie verwenden ... Also: Haben Sie wirklich ein schwerwiegendes Problem oder nicht doch eher ein spannendes Projekt? Denn »Probleme« sind vom Wesen her starr und statisch. »Projekte« hingegen haben einen Verlauf, den wir beeinflussen können.

Fühlen Sie mal nach, mit welchem Wort es Ihnen »besser« geht, Sie sich leichter und offener für Lösungsvorschläge fühlen.

Wir haben ein Beziehungsproblem.

Wir haben ein Projekt in unserer Beziehung.

Mein Problem ist mein Gewicht.

Mein derzeitiges Projekt ist mein Gewicht.

Unsere pubertierende Tochter bereitet uns Probleme.

Die Pubertät unserer Tochter ist für die ganze Familie ein Projekt.

Worte *beschreiben* nicht nur Zustände, sondern rufen auch innere Zustände hervor. Das Wort Problem ist wie ein Tunnel. Die Lösung ist ganz weit hinten, nur zu erahnen, und man weiß nicht, wann und wie man sie erreicht. Während ein Projekt eine herausfordernde Aufgabe ist,

die viele Lösungswege erlaubt. Das gilt auch für zwischen-
menschliche »Projekte«, bei denen doch jeder eigentlich
das Gute will. Probleme sind Kampfansagen, Projekte
stellen das Gemeinsame heraus. Sie ermöglichen einen
Austausch, während Probleme Kopfzerbrechen bereiten
und die Seele dichtmachen.

Zu dieser Sicht der Dinge führte mich eine japanische
Heilkunst: Jin Shin Jyutsu, auch Japanisches Heilströmen
genannt. Im Jin Shin Jyutsu geht es nicht allein darum,
den Körper zu harmonisieren, sondern auch die Seele
und den Geist. Die Harmonisierung beginnt im Kopf.
Worte und Begriffe, die uns unter Druck bringen oder
gar Stress auslösen, laufen gegen die Prinzipien des Jin
Shin Jyutsu. Daher werden hier Worte wie »Problem«
durch positivere Begriffe wie »Projekt« ersetzt. Dahinter
stecken eine Philosophie und innere Haltung.

Es ist zunächst gar nicht so einfach, das Wort »Problem«
aus unserem Sprachgebrauch zu streichen. Aber die Veränderungen sind des Übens wert. Für Sie ganz persönlich: Welches Problem wollen Sie lieber in ein Projekt
verwandeln? Welche Veränderungen nehmen Sie wahr,
und welche Ideen kommen Ihnen dabei?

Siebenmal Rescue, wenn es brennt

1. SCHRÄNKEN SIE IHRE PHANTASIEREISEN IN ANDERE
    KÖPFE EIN.

    Tatsache ist, wir können nicht erahnen oder wissen,
    was andere Menschen denken. Fragen Sie lieber nach,
    damit Sie keine falschen Schlüsse ziehen.

2. DREI LÖSUNGEN SIND BESSER ALS EINE.

Denn drei Lösungen bedeutet: Wir können wählen. Mit drei Lösungen besteht eine Perspektive. Klappt eine nicht, haben Sie noch zwei übrig. Haben Sie hingegen nur eine Lösungsidee in Ihrem Repertoire, so ist die Gefahr sehr groß, dass Sie bei einem Rückschlag enttäuscht abbrechen.

3. SUCHEN SIE NEUE WEGE.

Oft reagieren wir auch in schwierigen Situationen getreu dem Motto: »Aber es hat doch schon einmal funktioniert« und laufen wieder den gleichen Weg. Selbst wenn er holprig war und nicht zu den besten Resultaten führte. Scheitern wir dann, gehen wir davon aus, nicht deutlich oder nicht präzise genug gewesen zu sein. Wir probieren es auf immer die gleiche Weise, schimpfen, klagen, jammern, diskutieren. Auf die Idee, ein ganz anderes, ungewohntes oder gar konträres Verhalten auszuprobieren, kommen wir nicht. Deshalb: Je mehr Verhaltensmöglichkeiten wir bewusst zur Verfügung haben, desto größer wird unser Handlungsspielraum und desto gewisser sind echte Lösungen. Beruflich und privat. Denn neues Verhalten ermöglicht neue Reaktionen, und die führen wiederum zu neuen Lösungen; selbst festgefahrene Situationen kommen wieder in Fluss.

4. BLEIBEN SIE EHRLICH.

Ein Ja ist ein Ja. Ein Nein ist ein Nein. Gehen Sie keine »Na ja«- und »Also gut«-Kompromisse ein. Die Ehrlichkeit hilft Ihnen, in der eigenen Energie zu bleiben, und Sie verzetteln sich nicht zwischen verschiedenen Bedürfnissen und Argumenten.

5. STOPPEN SIE DAS MIESE GESCHWÄTZ IN IHREM INNEREN.

Was haben Sie davon, sich selbst als Null, Doppelnull oder Dauernull abzustempeln? Bringt es Sie weiter? Macht es Sie klug? Wenn Sie schon in den inneren Monolog gehen, dann sprechen Sie wohlwollend und unterstützend mit sich. Ermutigen Sie sich!

6. ZEIGEN SIE IHRE GRENZEN AUF.

Nicht nur mit Ihren Worten, sondern mit Ihrer gesamten Haltung. Lächeln Sie nicht, wenn es nichts zu lächeln gibt. Halten Sie den Kopf gerade und nicht zur Seite geneigt wie Onkel Erichs Wellensittich. Spüren Sie Ihren klaren Blick und die gerade Haltung. Gerade heißt »Herz auf Hintern«: Herz und Hintern sind gedanklich eine Linie. Na? Sitzt sich gut, oder? Und sollte jemand diese Grenze übertreten, dann stellen Sie ihm viele Fragen – und rechtfertigen Sie sich nicht. Wer fragt, führt.

7. WÄHLEN SIE WORTE, DIE UNTERSTÜTZEN.

Probleme bringen nicht viel weiter, und wenn Sie sich selbst einer Unfähigkeit bezichtigen, dann suchen Sie jetzt die positiven Aspekte: Sie sind nicht scheu, sondern wählerisch. Auch bringen Sie nicht immer alles durcheinander, sondern können prima switchen. Nehmen Sie die Worte, die Sie verwenden, unter die Lupe, und suchen Sie nach Alternativen, die Sie gelassener, wenn nicht gar fröhlicher machen.

Kein Tag ohne ein bisschen Flirt

In alles und jeden und wenn möglich jeden Tag aufs Neue. Flirten Sie, was das Zeug hält, suchen Sie sich ein Objekt der Begierde, finden Sie ein Lächeln von überall und ozeantiefe Blicke. Die schönsten Kraftquellen sind das Gefühl des Verliebtseins und der Flirt. Mit Flirts schaffen es selbst Schauspieler, einen glaubhaft romantischen Filmkuss abzuliefern, obwohl sie gar nicht verliebt sind. »Wenn ich eine Kollegin küssen soll, muss ich mich wenigstens in etwas an ihr verlieben. Und sei es nur das Ohrläppchen«, erzählte mir der Schauspieler Walter Sittler, einer der wenigen dieser Branche übrigens, der keine Affären hat, sondern eine Dauerglücklichehe führt. Flirt hat erst einmal nichts mit Betrug zu tun, sondern ist ein fröhlicher Antrieb, der langsame Tage in Schwung bringt und grauen Arbeitsabläufen Farbe. Zum Verlieben kann man sich entschließen, zur Liebe nicht.

Ich kann mich verlieben in
- Flirts
- einen Song
- eine Blume
- einen Augenblick
- eine Arbeit
- einen Kollegen
- sogar in die Socke, die ich stricke.

Ich habe mich verliebt
- in meine Wohnung, und das auf den ersten Blick
- in meinen Mann, beim Nachmittagskaffee

- in mindestens 1000 Handtaschen
- in glitzernden Ohrschmuck
- in mein Auto namens *Goldkugel*

Ich will verliebt sein
- in die Bücher, die ich schreibe
- in die Pläne, die ich mache
- in Wien, das Salzkammergut und die Schweiz
- in die Seminare, die ich gebe
- in mein Leben

Wenn ich verliebt bin und flirte, werden auch mühsame Aufgaben leicht und machbar. Ich gehe versöhnlich um mit mir und anderen, sehe die Sonne, summe ein Lied vor mich hin und schwelge in Schmetterlingsgefühlen.

Alles beginnt mit einem Lächeln ...

... und dem Willen, mich in etwas zu verlieben. Wenn ich möchte, kann ich strahlende Augen und Herzklopfen bekommen, auf Anhieb und erst einmal ohne Grund. Ich bin auch ein wenig verliebt, wenn der stumme Mann, der im Zugabteil mir gegenübersitzt, beim Aussteigen zu mir sagt: »Ich wünsche Ihnen noch einen schönen Tag!« Ich bin Mrs Love, leicht entflammbar, schwer zu löschen und wie ein Trüffelschwein auf der Suche nach Liebesperlen und fluffigen Momenten. Kein Mensch ist mir zu fremd, keine Aufgabe zu trocken und kein Himmel zu trüb, um mich nicht verliebt zu machen. Wenn mir das glückt, und es ist sehr leicht, dann spüre ich die Kraft meines Lebens. Dann bin ich ganz da auf dieser Welt und kann Geschenke ohne Wenn und Aber annehmen. Ich verteile Luftküsse und winke fremden Menschen zu. Sage »Ich mag dich« und »Sie sehen aber heute blendend aus!«. Mein Flirt macht, dass auch andere Menschen Gefühle von Verliebtsein spüren, und ich reagiere auf die Flirtbotschaften der Menschen um mich herum.

Der Flirt ist eine Kraft, die bewegt und kreativ berauscht, aber er will entfacht werden. Wie können Sie zur Brandstifterin von Flirtgefühlen werden? Was muss passieren, dass Sie sich zum Beispiel in sich selbst verlieben und eine kleine Weile mit sich flirten?

Egal,
- ob Sie gebunden sein
- oder frei werden
- oder gebunden bleiben möchten ...

... verlieben Sie sich immer wieder aufregend neu und voller Hingabe.

Verlieben Sie sich, tanzen Sie, und lassen Sie Schmetterlinge fliegen. Flirt ist so kindlich, verschmitzt und wunderbar. Sie können andere Menschen damit anstecken ... Und sollte sich ein echter Flirt dazugesellen, packen Sie ihn ein, und halten Sie die Erinnerung an diesen Moment lange frisch. In trüben Lebensmomenten sind diese Erlebnisse wie kleine Sterne. Sie erhellen die Nacht und erinnern Sie daran, dass Flirt und Verliebtsein tagtäglich und immer wieder geschieht. Auch jetzt!

Achtung, Pfefferspray!

Oft genug erlauben Frauen anderen, ihre Grenze zu verletzen. In beruflichen Situationen, alltäglichen Handlungen, verbal. Sie halten Beziehungen aus, die ihnen nicht guttun. Und sie unterfordern sich selbst, indem sie sich kleiner machen, als sie sind. Eine Handtasche, die zu voll ist, platzt. Eine, die nicht richtig gefüllt wurde, verliert an Charme. Zeigen Sie, wer Sie sind, und wehren Sie sich, wenn jemand Ihre Grenze missachtet!

Keinen Schritt weiter ... oder es knallt!

Wir Frauen zögen bei einem Duell glatt den Kürzeren. Ein Kollege fordert zum offenen Zweikampf auf – und viele von uns setzen sich erst einmal hin und denken nach, ob wir überhaupt schießen können und ob es nicht schlimm wäre, dem Kollegen weh zu tun. Die eigene Grenze wird also weniger geachtet und respektiert als die des anderen.

»Wenn sich jeder egoistisch verhält, verändert sich die Welt doch nie. Einer muss ja mal damit anfangen, anders zu reagieren«, sagt Franziska.

Richtig. *Einer*.

Das Engagement könnte aber diesmal in eigener Sache sein: Machen Sie ein wenig Lärm, und fuchteln Sie mal mit den Pistolen! Ein paar Menschen werden da sicher staunen.

Frauen halten sich in der Regel zurück: im Auftreten, in ihren Äußerungen und in den Bedingungen, die sie stellen. Sie sprechen zu leise oder zu hoch, sitzen schief auf dem Stuhl, neigen den Kopf ganz brav zur Seite, lächeln stets freundlich, haben die Beine unter dem Stuhl verknotet, und die Hände liegen hübsch gefaltet im Schoß. Das sind keine Gewinnerposen! Noch bevor Sie den Mund auftun, hört Ihnen schon niemand mehr wirklich zu. Wollen Sie ernstgenommen werden, dann zeigen Sie das mit Ihrem ganzen Wesen.

Ich wirke ...
- wie ich stehe.
- wie ich blicke.

- wie ich auf jemanden zugehe.
- wie ich sitze.
- wie ich fühle.
- was ich will/schätze.
- was ich nicht will/nicht schätze.
- wie ich spreche.

Zunächst entscheidet unsere Wirkung darüber, ob uns andere Menschen überhaupt zuhören. Erst im zweiten Schritt kommt es darauf an, gut zu plazieren, was wir zu sagen haben. Da Frauen dazu neigen, abzuwarten und sich intensiv mit anderen Wortbeiträgen zu beschäftigen, kommen Sie häufig nicht zum Zug. Andere (oft Männer) schwingen große Reden – und die »weiblichen Rede-beiträge« rutschen auf der Agenda immer weiter nach unten. Doch eine Handtasche, die hinten im Regal steht, wird nicht gesehen und somit nicht gekauft – mag sie auch noch so extravagant sein. Machen Sie sich also so wichtig, wie Sie sind!

Anstatt zu sprechen, wird
- der Kloß im Hals bemerkt
- erfühlt, wie die Stimmung am Tisch sein könnte.
- registriert, ob sich nicht jemand am Tisch befindet, der sich besser auskennt als Sie.
- ein Gedanke innerlich immer wieder neu formuliert.
- das eigene Konzept noch einmal umgestellt.
- nachgedacht, ob man womöglich doch etwas Unpas-sendes oder Falsches sagen könnte.
- der Galopp des Herzens beachtet.
- festgestellt, dass ja so und so alles nicht viel bringt.

»Ständig denke ich, hoffentlich ist es bald vorbei!«, beschreibt Sonja die typische Besprechungssituation, in der sie diese peinliche Anspannung in sich fühlt. Erst wenn sie sich wieder beruhigt hat, wird sie sich zeigen. Dann ist es aber oft zu spät.

Wenn Ihnen Sonjas Situation bekannt vorkommt, dann gehört ab jetzt das Pfefferspray in Ihre Tasche. Warten Sie nicht ab, sondern lassen Sie die anderen sofort hören, was Sie zu sagen haben. Und vor allem sollten alle frühzeitig erkennen, dass Sie nicht nur Ansprüche haben, sondern diese auch verteidigen können. Denn das ständige Ringen um Formulierungen und adäquates Verhalten wirkt verkrampft und wird von anderen als Unsicherheit wahrgenommen. Ihr Gegenüber fragt sich »Was ist denn mit der los?«, und ist erfreut, dass Sie offenbar eine inhaltliche Schwäche haben. Dumm gelaufen, wenn dem gar nicht so ist, sondern Sie nur aus kollegialem Anstand dulden, dass man Sie verbal zur Seite schubst.

Wenn Ihnen auf nächtlicher Straße jemand zu nahe kommt, dann schauen Sie grimmig und zücken Ihr Pfefferspray. Es sind nicht in erster Linie Worte, die uns als Persönlichkeit wahrnehmbar machen, sondern die Art und Weise, wie wir uns bewegen, unsere Mimik und Gestik. Wir agieren über den Körper. Wir grenzen uns damit ab oder locken andere Menschen an. Mit dem Körper zeigen wir auch, dass wir etwas zu sagen haben und unsere Worte ernstzunehmen sind.

Auch wenn Worte natürlich nicht bedeutungslos sind, so zählen sie in der Kommunikation jedoch nicht einmal zwanzig Prozent. Und so sind es keineswegs nur fehlende Argumente, die das Weiterkommen im Job behindern, sondern möglicherweise ein Dauerlächeln. Denn wir sprechen nicht nur mit dem Mund, viel »lauter« und prägnanter ist unser Körper. Daher sollten Sie immer, wenn Sie in einem Gespräch ernstgenommen werden möchten oder eine persönliche Abgrenzung wichtig wird, auf Ihre Körpersprache achten.

- Wenn Sie sprechen, überprüfen Sie, ob Ihre Mimik, Ihre Stimme und Ihre Körperhaltung das Gesagte unterstreichen.
- Stehen Sie mit beiden Beinen fest auf der Erde.
- Stehen Sie entspannt und locker, aber aufrecht.
- Blicken Sie Ihrem Kommunikationspartner beim Sprechen freundlich, aber fest in die Augen.
- Konzentrieren Sie sich bei Telefonaten ganz auf die Worte, und sprechen Sie diese langsam und deutlich aus.
- Lächeln Sie nur, wenn es etwas zu lächeln gibt.
- Legen Sie sich, wenn möglich, gut formulierte Sätze zurecht, die Sie später gelassen aussprechen.
- Verhindern Sie unbedingt ein Abschweifen Ihrer Gedanken.

Wenn Menschen gedanklich wegrutschen, merkt man es ihnen oft deutlich an. Sie sind dann nur noch zu einem Bruchteil »da« und können nicht mehr schnell reagieren. In Situationen, die Ihre hundertprozentige Aufmerksamkeit erfordern, sollten Sie auch zu hundert Prozent in der Situation bleiben und nicht mit den Gedanken in die

Vergangenheit oder Zukunft wandern. Die Gefahr, während eines Gesprächs innere Monologe zu führen, ist sehr groß. Sie beschimpfen sich dann vielleicht oder entwerfen Strategien, für die es bereits zu spät oder noch zu früh ist. Denn Sie sprechen *jetzt* mit den bzw. dem anderen.

Was tun, wenn jemand Ihre Grenze verletzt?
- Unterbrechen Sie das Gespräch.
- Bitten Sie um konkrete Beispiele.
- Sorgen Sie für Zeugen.
- Irritieren Sie mit Antworten, die nicht passen. (Sprichwörter eignen sich hier gut.)
- Hebeln Sie den anderen durch ein Verlagern des Gespräches aus.
- Zeigen Sie sich bereit, Konsequenzen einzuläuten.
- Bleiben Sie ernst.
- Weichen Sie dem Blick des anderen nicht aus.
- Der Kopf bleibt gerade!
- Die Stimme sitzt im Bauchraum.
- Stellen Sie nur sachliche Fragen.

Sollte es nötig sein, unterbrechen Sie. Sie müssen nicht jedes Gespräch annehmen, das man Ihnen anbietet. Eine verschobene Diskussion ist noch lange keine verlorene! Lassen Sie Ihre private Handtasche zu Hause, und packen Sie sich einen inneren Businesskoffer. Darin enthalten sind Ihre Argumente, eine aufrechte Haltung, ein freundlich fester Blick und auch ein paar Knallerbsen, wenn es darum geht, jemanden auf die Schnelle zu erschrecken oder zu verblüffen.

Werden Sie laut!

Gelegentlich arbeite ich für ein namhaftes Unternehmen im Bankensektor. Die Frauen, die ich dort coache, erzählen mir immer wieder, dass Ihre männlichen Kollegen völlig selbstverständlich und selbstbewusst zu verstehen geben, was sie alles können, wollen, vorhaben und welche Projekte sie planen.

Mia: »Wenn ich mich in Sitzungen melde, um die Verantwortung für ein Projekt zu bekommen, dann ist die Situation gleich sehr unangenehm. Wie meine Kollegen auch, so zeige ich dann das, was ich kann und will. Meine Kollegen reagieren jedoch gereizt. Als würde ich angeben, mich aufspielen. Als sei das Hervorheben meines Könnens etwas Überflüssiges, Unanständiges, ja regelrecht Unappetitliches.«

Die Kollegen hören Mia nicht zu, sehen weg, ignorieren sie und wenden sich ihr nur dann zu, wenn es unvermeidbar ist. Sie unterhalten sich mit anderen Kollegen und sehen einfach über die Kollegin hinweg.

Schüchtert uns das ein?
Hält uns das ab?
Keinesfalls!

Es ist wie im sportlichen Wettkampf. Alle wollen den Sieg. Nicht nur Mia. *Schluckimpfung ist süß, Frauenfußball ist bitter,* hieß es noch 1975. Aber hat der blöde Spruch Fußballerinnen vom Gewinnen abgehalten? Von wegen! Kein Leistungssportler – egal, ob weiblich oder männlich – geht an den Start und denkt: »Darf ich überhaupt mitmachen? Na, ich lass erst mal die anderen laufen, und dann schau ich, wie schnell ich rennen werde. Am besten passe ich mich den anderen an. Oder ich bleib bei dem, der schwächelt, damit der hinten nicht so alleine ist.«

Ein solches Denken verstieße gegen alle Regeln von Spiel und Wettkampf. Als Zuschauer würden wir diesen Sportler vermutlich ausbuhen und unseren Eintritt zurückverlangen.

Wenn sich Frauen aus Furcht, Scheu oder Zurückhaltung den Menschen in ihrer Umgebung anpassen oder ihnen sogar den Vortritt lassen, ist das nicht weniger unfair. Gegenüber den eigenen Talenten und Fähigkeiten, aber auch gegenüber anderen Frauen, besonders den jungen, die erfolgreiche weibliche Vorbilder brauchen. Jeder Mensch ist meiner Meinung nach nicht nur für sich selbst verantwortlich, sondern hat auch die gesellschaftliche Verpflichtung, sich mit aller Kraft und allem Intellekt einzubringen. Das war Frauen über Jahrhunderte nicht erlaubt. Darum gilt es heute, immer und immer wieder zu zeigen, dass wir mitspielen – und gewinnen …

Thomas Gruber schreibt in seinem Buch **Echte Helden:** »Männer hassen das Mittelmaß. Wir haben ein ganz natürliches Verhältnis zu dem Gedanken, an der Spitze zu stehen. *Alle Welt möge mir folgen!,* ruft es aus unserem tiefsten Inneren.«

Na, bitte. Da schneiden wir uns doch ganz schnell mal eine Scheibe ab und sehen zu, dass auch wir mehr auf unseren Teller bekommen. Doch solange wir uns mit den kläglichen Resten aufhalten, mit den Jobs, die eigentlich niemand will oder die der Karriere nicht wirklich dienlich sind, gelingt das sicher nicht. Wir sind dann zwar zuverlässig, bequem und fleißig, aber große Erfolge haben eine andere Energie. Pfeffer ist ein anderes Gewürz als Zimt. Und Pfefferspray hat eine andere Deutlichkeit als Pfefferminzgeruch. Wenn Sie sich auf den Erfolgsweg machen, dann sollte Pfeffer in Ihrer Handtasche sein, den Zimtduft bewahren Sie auf für romantische Momente.

Sag nicht ja, wenn du nein meinst

Vergessen Sie Ihren Pfeffer immer wieder mal daheim? Und dann ... hören Sie sich vielleicht ja sagen, obwohl Sie eben noch »Auf gar keinen Fall!« dachten? Sich »breitschlagen zu lassen«, etwas zu übernehmen, das *eigentlich* nicht zum eigenen Aufgabenbereich gehört, das wir lediglich aus Gefallen tun (aber ohne, dass es uns gefällt), zieht vieles nach sich. Nicht nur Arbeit, sondern auch eine Menge Ärger – und zwar mit sich selbst. Kommen Ihnen Selbstvorwürfe wie »Warum mache ich das immer wieder?« und strenge Zurechtweisungen wie »Das nächste Mal aber sicher ohne mich« bekannt vor? Täglich begegnen wir Situationen, die uns ein Nein abverlangen, aber wir bringen diese vier Buchstaben einfach nicht über die Lippen.

»Ich habe Angst, dass man mich dann nicht mehr mag!«, höre ich häufig von Seminarteilnehmerinnen. Oder: »Ich möchte andere Menschen mit meiner Absage nicht verletzen, sie nicht vor den Kopf stoßen ...«

»... und ich möchte geliebt werden«, vervollständige ich dann. Manche Frauen versuchen ihr ungewolltes Ja humorvoll zu begründen: »Ich habe halt auch den kleinen Sprachfehler.« Aber so lustig der Satz auch sein mag, wirklich lustig ist das Leben damit nicht.

Als kleines Mädchen waren Sie mutig! Sie kannten diesen Satz mit dem Sprachfehler nicht und machten augenblicklich deutlich, wenn Ihnen etwas nicht in den Kram passte. Sie sagten, riefen, meckerten, schrien, protestierten:

Nö!
Nein!
Nö, das mach ich nicht!
Nein! Lass mich damit in Ruhe!

… und die Mitmenschen hatten Sie dennoch lieb.

Nö und Nein gehören zu den ersten Worten, die ein Kind lernt. Im Laufe des Lebens tauschen wir dieses Wort viel zu häufig gegen eine Zustimmung aus. Aber wann hat sich ein verkapptes Ja in Ihrem Leben wirklich gelohnt? Eine ungewollte Zustimmung verstopft den Magen wie zu viel Brot. Wie ein Klumpen gährt dieses Ja in uns. Wir wollen es wieder loswerden, aber keiner will es haben. Vor allem die Menschen nicht, die ihre Grenzen sehr gut behüten können. Nun sitzen Sie auf Ihrer Zustimmung, und damit Ihnen die Umsetzung ein wenig leichter fällt, beginnen Sie möglicherweise sofort damit, das Ja in Zuckerwatte zu verpacken: »Ach, eigentlich ist es doch nicht so schlimm, diese Aufgabe noch zu übernehmen. Ich lerne ja etwas dabei. Außerdem hab ich es auch gerne, wenn mir jemand hilft. Und ich habe heute Abend sowieso nichts vor. Im Büro ist es so gemütlich, wenn alle gegangen sind. Wunderbar still. Richtig entspannend ist das.«

Beim Schönreden versuchen Menschen, etwas rosig zu malen, was ganz und gar nicht rosig ist. Zum Beispiel Geschenke, die man überhaupt nicht mag. Haben Sie auch schon mal eine Handtasche zu Weihnachten bekommen, die Sie vor Schreck fast in den Tannenbaum fallen ließ?

»Super! Ja klar, die gefällt mir gut. Wirklich!«

Doch als Verstellungskünstlerin haben Sie keine Chance: Ein ungewolltes »Toll!« oder »Okay!« entlarvt sich meistens sehr schnell selbst. Denn kaum ist man mit sich allein, fängt man an, zu schimpfen und sich lauthals zu beschweren. Wohin jetzt mit der Tasche? Sondermüll geht nicht, denn ich muss mich ja ab und zu damit auch zeigen!

»Weil ich auch immer ...«, so begann mein Vater seine Selbstbeschwerden. »Weil ich auch immer ...« Wenn er das sagte, wusste ich, dass er innerlich kurz vorm Platzen war. Dann hatte er etwas übernommen, das er nicht übernehmen wollte, und meist hatte sich seine angebliche Hilfsbereitschaft bereits als Eigentor entlarvt.

Ein ungewolltes Ja lässt sich nicht verbergen. Nicht vor sich selbst und nicht vor anderen. Sie geben das Ja nicht gerne, und Ihr Gegenüber wird genau das spüren. Es sei denn, er will die Zwischentöne überhören. Manchmal ist das praktisch, vor allem, wenn Sie eine Aufgabe übernehmen, die Ihr Gegenüber partout nicht mag.

Frauen kümmern sich also genervt und grummelnd um lästigen Bürokram, entsorgen Flaschen und gehen für Männer auf die Post.

Frauen sagen Ja … und Männer sind erleichtert.

Frauen erhoffen sich dadurch Lob und Liebe. Männer geben sie aber nicht. Wieso auch? Liebe hat doch nichts mit Leergut zu tun!

Sprechen Sie also von Liebe, wenn es um Liebe geht, und verhandeln Sie mit Ihrem Partner (notfalls fünf- oder fünfzigmal), wer den Müll zum Container bringt. Vermischen Sie keine Bedürfnisse, sondern bleiben Sie klar bei dem, was Sie nicht wollen. Es steht Ihnen ja frei, ein Gegenangebot zu machen …

»Ich kann doch zu meinem Chef nicht nein sagen!« Auch so ein Satz, den ich immer wieder höre. Stimmt! Ein bockiges Nein hat im Büroalltag nichts verloren (dort gilt es als Arbeitsverweigerung), ein Nein mit Begründung hingegen sehr wohl. Aber sprechen wir doch ab jetzt nicht mehr von einem *Nein,* sondern eleganter von einem Auftrag, den Sie entweder annehmen können oder auch nicht. Schließlich handelt es sich bei diesem »Könnten Sie bitte mal eben …« um nichts anderes. Bei derlei Anfragen empfiehlt es sich, nicht gleich mit dem nächsten Atemzug zu reagieren. Sollten Sie ein Zögern in sich spüren, dann gehen Sie diesem Zögern nach. Es wird eine Bedeutung haben. »Einen Moment bitte, ich muss noch schnell etwas überprüfen!«

Finden Sie heraus, warum Sie den Auftrag nicht übernehmen können. Liegt es an Ihrer Zeitplanung? Brauchen Sie Unterstützung, bessere technische Voraussetzungen oder besonderes Know-how? Diese Gegenargumente sind nicht sperrig, sondern zeigen, dass Sie Ihre Arbeit gut erledigen wollen. Damit ist der Anfang zu einer konstruktiven Diskussion und Lösungsfindung gemacht.

»Ich weiß, wie du besser wärst ...«

In Maras Beziehung kracht es regelmäßig. In den ersten Jahren war das anders. Zwar stritten sich Björn und Mara damals auch, aber die Auseinandersetzungen waren wohlwollend, und beide konnten dabei lernen. Mit der Zeit richteten sich Björns kleine Vorträge und Fragen jedoch immer häufiger *gegen* Mara. Das, was er früher als schillernd beschrieben hatte, empfand er jetzt als anstrengend. Er hielt ihr vor, selbstverliebt, laut und launisch zu sein, und erklärte ihr, dass sie als Person kräftezehrend wirke. Das sei ihm auch im Zusammensein mit Freunden (unangenehm) aufgefallen. Als Mara dies bestritt, warf Björn ihr vor, sie habe keinen kritischen Umgang mit ihren Schwächen und könne nicht »Entschuldigung« sagen.

Björn betonte, er meine es nur gut, aber Mara fühlte diese Liebe nicht. Sie weinte, weil sie sich durcheinander fühlte und sich selbst anders wahrnahm, als Björn sie beschrieb. Auf einmal wusste sie nicht mehr, wer sie wirklich war. Wenn Mara ihrerseits auf Björns Anteil an den Konflikten zu sprechen kam, wies Björn sie verärgert und oberlehrerhaft zurecht.

Mara suchte Klarheit – und sie wollte besser werden. Besser im Sinne von Björn. Sie können sich denken, dass mich diese Liste überhaupt nicht interessierte. Vielmehr sah ich eine Frau, die den Bezug zu sich selbst und ihre eigenen Grenzen aus dem Blick verloren hatte. Im Business war Mara eine starke Persönlichkeit; privat wurde sie zum kleinen Hasen, der unsicher und verstört zickzack hoppelte und der sich dabei auch noch duckte.

- Liebe ist, wenn sich zwei Menschen wohlwollend begleiten. Will Ihr Partner Ihnen aber seine Sicht aufdrücken, laboriert er an Ihnen herum, dann ist das keine Liebe.
- Spüren Sie genau in sich hinein, welche seiner Argumente etwas mit Ihnen zu tun haben und welche nicht.
- Bitten Sie darum, eher mit Vorschlägen als mit Fehlerlisten zu diskutieren.
- Werden Sie bereit dafür, schlechte Laune zuzulassen – und zwar Ihre eigene.

Wir sehnen uns alle nach Anerkennung, schönen Gefühlen und guten Worten. Wir wollen an uns arbeiten und unseren Teil dazu beitragen, damit eine Beziehung gelingt. Es soll schön sein, wir wollen Zuckerwatte-Harmonie. Schnell sind da die eigenen Grenzen überschritten. Mara erlaubte Björn, sich in ihrem Königinnenreich als König aufzuspielen. Er war dabei, Maras Regeln und Gesetze zu entmachten. Eine Okkupation des Denkens. Mara hatte die neuen Gedanken zwar gelernt, aber sie konnte sie nicht übernehmen. Weil es nicht ihre Gedanken waren! Björn machte seine Sicht zum Gesetz. Aber Gesetze sind keine Anregungen, sondern Befehle. Er erkundete Mara nicht mehr, sondern analysierte sie. Das aber ist nicht Aufgabe eines Partners. Björn impfte Mara mit dem Glauben, dass sie gar keine praktische Handtasche fürs Leben, sondern ein zickiges Operntäschchen sei. Ein wartungsintensives und reparaturanfälliges Sondermodell. Und Mara glaubte Björn, weil er auch sonst so verlässlich und glaubwürdig war ...

Auch in der Partnerschaft benötigen wir zuweilen Pfefferspray. Wir müssen unserem Partner manchmal sehr deutlich sagen, dass er gerade übergriffig wird und sich in Bereichen unseres Lebens aufhält, in denen er nichts zu suchen hat. Das können Verhaltensweisen sein, aber auch Ansichten, die ihm vielleicht fremd sind, die wir aber weiter pflegen werden – genau so lange, bis *wir* uns entschlossen haben, eine neue Meinung anzunehmen. Hüten wir unsere Grenzen nicht, lassen wir zu, dass der Partner uns unter Druck setzt und für die Beziehungsstimmung verantwortlich macht; dann verlieren wir an Kontur – und irgendwann dringen fremde Gedanken wie Parasiten in unsere Seele ein.

- Vertrauen Sie auf Ihr Gefühl.
- Sprechen Sie mit Ihren Freundinnen und Freunden. Erleben diese Sie auch als zickiges Handtäschchen?
- Holen Sie sich Rückmeldungen von Kollegen. Können Sie wirklich keine fremde Meinung gelten lassen?
- Gehen Sie zu einem professionellen Coach.
- Sprechen Sie mit einer älteren (erfahrenen) Frau Ihres Vertrauens.

Lassen Sie sich spiegeln, holen Sie sich verschiedene Ansichten zu Ihrer Person – und fühlen Sie immer wieder in sich hinein, welche Antworten zu Ihrem eigenen Erleben passen. Sie haben eine eigene Lebensroute, mit Klippen, Bergen und kleinen Dörfern. Es kann nur eine Königin in diesem Reich geben. Und das sind Sie!

Nervennahrung: Zuckerstückchen für die Seele

Lecker, lecker, lecker: Bonbons, kleine Schokoladen und Müsliriegel für zwischendurch. Wenn wir hungrig im Stau stehen oder im Theater sitzen und keine Zeit zum Essen hatten: Süßes nährt uns auf die Schnelle. Seelische Zuckerstückchen sind Traummomente und Genuss. Greifen Sie zu. Das Leben ist voll süßer Momente!

Das Leben ist voller Süße

Das Leben ist süß! Ist es nicht schön, sich dessen sicher zu sein? Sie dürfen in Milch und Honig baden, sich von Schokolade verführen lassen, und von der köstlichsten Torte bekommen Sie das dickste Stück. Warum? Nur so! Was Sie dafür tun müssen? Nichts! So wenig, wie Sie für einen Menschen etwas tun sollten, damit er Sie liebt. Oder sehen Sie das etwa anders? Kompliziert ausgedrückt: Weil Sie sich nicht vorstellen können, dass Sie jemand einfach dafür liebt, dass Sie da sind, versuchen Sie, ihm eine Begründung für die Liebe zu liefern.

»Wenn er schon seine kostbare Zeit mit mir verbringt«, denken Sie vielleicht, »dann sollte dabei wenigstens etwas für ihn herausspringen. Ich werde uns was Schönes kochen.« Wie anstrengend!

Jeder Mensch hat das Recht, geliebt zu werden, bedingungslos, ohne Wenn und Aber – und ohne dass man vorauseilend irgendetwas kocht, bäckt, schenkt, macht und tut.

Früher bekam jeder ständig kleine Geschenke von mir. Eltern, Freundin, Mann, Katz und Maus. Wer immer sich neben mich setzte, erhielt eine Belohnung. Oder sollte ich eher von Entschädigung sprechen? Ich allein war viel zu wenig. Zum Glück ist das lang, lang her. Ich erinnere mich an diese Geschichten ... und sie erscheinen mir heute wie Gruselmärchen. Denn ich finde, ich bin auch ohne eine Extraportion Sahne ein ganz nettes Stück. Das Leben will mich verwöhnen, und ich stottere nicht mehr heiser: »U... u... und, was darf ich für dich tun?« Ich freue mich einfach darüber! Weil ich sicher bin, dass uns das Leben äußerst gerne überrascht, wenn wir Wünsche an es richten und seine Geschenke annehmen. Auch wenn wir schon eine ganze Menge haben ...

ÜBEN SIE SICH IM WÜNSCHEN

Die Zeit vor Weihnachten oder Ihrem Geburtstag ist dafür besonders gut geeignet: Wie oft schreiben Sie jetzt liebevoll auf eine Karte »Ich wünsche dir ...« und sind dabei wahrlich nicht geizig? Zu wünschen ist schön! Für sich und für andere. In keiner anderen Zeit ist ein derartiger Reichtum erlaubt. Noch ein Stückchen Nougat oder einen Keks? Aber bitte gerne und am liebsten beides. In der Weihnachtszeit und am Geburtstag darf man alles wollen. Als Kinder schrieben wir Wunschzettel, und wir hatten keine Bedenken, noch einen Wunsch darauf zu notieren und noch einen und noch einen ... Wünschen Sie sich immer mal wieder etwas mit dieser Kinderseele. Sie müssen keine Gegenleistung erbringen, damit der Nikolaus, der Sommer oder das Leben Ihnen etwas bringt. Ich glaube, Sie müssen nicht mal brav sein.

In Wien las ich vor einiger Zeit den Satz »Du hast ein Recht auf Wunder«. So ist es. Sie dürfen auch auf das hoffen, was hoffnungslos scheint.

Wünschen Sie also mit Freude drauflos.

Wünsche machen uns weich, und es kristallisiert sich heraus, was Ihnen ganz, ganz wichtig ist, worauf Sie auf keinen Fall verzichten möchten. Was Ihnen die Süße im Leben ist. Sie sprechen aus, was Sie wollen und sich ersehnen. Sie haben es formuliert – und mit dem Blick nach oben kommt dieser Wunsch dort sicher an. Wünsche setzen Energie in Kraft!

Bleiben Sie hungrig!

»Genug ist nicht genug, ich kann mich nicht begnügen«, sang ich in den Achtzigern bei Konstantin Weckers Song mit. In diesem Lied war sicher nicht die Situation am kalten Buffet gemeint, sondern das Leben in seiner ganzen Kraft und Blüte. Leben ist etwas Großartiges. Jeder Tag ist neu, jeder Tag wird uns geschenkt – und wir können jeden Tag und jede Zeit gestalten. Es gibt eine Route in Ihrem Leben, und Sie haben Einfluss auf diesen Weg. Sie können bestimmen, was Sie alles sehen, lernen und erfahren möchten. Ihr Weg ist unvergleichbar und liegt ganz in Ihrer Macht. Niemand, außer Ihnen, kann die individuelle Route zusammenstellen, die Sie zufrieden und glücklich macht. Wenn Sie Ihr Notizbuch durchblättern, ist es durchaus möglich, dass Sie darin Ideen zu dieser Route finden.

Das, was ich lernen und erfahren möchte, stillt und weckt meinen Hunger zugleich. Ich habe Wissensdrops und Erfahrungsriegel in meiner Handtasche. Ich male mir die Zukunft aus, plane, was ich noch alles studieren und erfahren möchte.

Lernen ist meine Nervennahrung. Schon im Alter von 19 Jahren war mir klar, dass ich meinen ersten Beruf zwar lieben, er mir aber bestimmt nicht reichen würde. So kam es, dass ich erst als Erzieherin in einem Kinderheim arbeitete, um dann, nach sechs Jahren, mit einem BWL-Studium zu beginnen. »Das passt doch gar nicht zusammen«, meinten die meisten. Aber das war mir egal, ich wollte mehr und vor allen Dingen nicht immer von demselben.

Na ja, wenn man wie ich eher musisch begabt ist, führt einen die BWL schon an seine Grenzen. Und wenn man zudem in der Schule eine Mathe-5-Kandidatin war, dann sind diese Grenzen ziemlich schnell erreicht. Aber das muss einen nicht bekümmern. Sie nicht, und mich hat es auch nicht aufgehalten. Hungrig zu sein, und zwar nicht allein nach Butterbrezeln und süßer Torte, ist ein Motor. Sie wollen dann viel, alles, mehr und immer weiter. Solange Sie nicht rastlos durch Ihr Leben hetzen, sondern dieses Mehr genießen, ist dieser Hunger eine sehr gesunde, fruchtbare Sache. Er führt dazu, dass Sie nicht stehen bleiben und sich allen Seiten öffnen.

- Wenn Sie nicht den Beruf ausübten, den Sie gerade ausüben, welchen Beruf würden Sie erlernen wollen?
- Wenn vom Gesetzgeber vorgesehen wäre, alle sieben Jahre seinen Beruf zu wechseln: Welcher Beruf wäre bei Ihnen als nächster dran?
- Wenn es ganz selbstverständlich wäre, sich ein Leben lang neues Wissen anzueignen: Welches Fach stünde auf Ihrer Liste ganz oben?
- Von wem möchten Sie etwas lernen?
- Welche Erfahrung würden Sie gerne machen?

Das Leben ist wie ein großes Restaurant. Ich suche mir auf der Speisekarte immer wieder neue Spezialitäten aus und habe eine Menge Spaß daran, mir neues Wissen einzuverleiben. Ich nasche mich durch Weiterbildungsangebote hindurch.

»Und brauchst du das denn, was du gerade studierst?«, fragte mich gestern eine Freundin. Sie konnte sich gar nicht vorstellen, dass ich freiwillig lernte oder nur um des Lernens willen. Mir ist es aber eine große Erfüllung, und wie andere Menschen sich Kleider aus dem Katalog zusammenstellen, sind es bei mir die Weiterbildungen.

Bislang konnte ich gebrauchen, was ich mal gelernt habe. So wird es bestimmt auch mit diesem Studium sein. Ich werde von keinem Perfektionismus getrieben, sondern von meiner Neugier. Es geht mir nicht um gute Noten oder hübsche Zertifikate an der Wand. Ich habe einfach Wissenshunger …

Aber ich bin auch hungrig nach den Lebenskonzepten anderer Menschen. Nicht um sie zu kopieren, sondern weil ich es spannend finde, wie Menschen leben, denken, lieben. Jeder Mensch hat seine ganz eigene Welt – und ich bin Weltenbummlerin geworden. Was könnte ich Sie wohl alles fragen:

- Von welchen Erfahrungen bekommen *Sie* nie genug?
- Was haben Sie schon alles gelebt, das Sie heute noch wertvoll nährt?
- Welche Bonbons finden sich in Ihrer Handtasche?
- Mit wem teilen Sie einen Schokoriegel?
- Was ist Ihr Traubenzucker?
- Und wo vernaschen Sie wohl die kleine Süßigkeit, von der niemand etwas weiß?
- Lassen Sie sich Ihre Nervennahrung gut schmecken – und geben Sie ruhig anderen Menschen gelegentlich etwas ab: Ein »Mach doch mit!« könnte für den anderen der Schokoriegel eines neuen Lebensabschnitts sein!

Wunderbare Bitterpillen

Sauer macht lustig, heißt es. Mich hingegen machen die ewig Lustigen sauer. Diese Gute-Laune-Bären, die schon morgens, gleich mit dem Augenaufschlagen, den Tag singend umarmen wollen. Ein Kollege schrieb vor lauter Übermut »hurra!« an seine Zimmerwand. Ganz groß, in roten Buchstaben, damit er die gute Laune auch ja nicht so schnell vergisst.

Er sei ein Optimist. Sagt er.

»Ich bin die Schutzpatronin der schlechten Laune!«, antworte ich. »Zu mir dürfen alle kommen, die mies drauf, übellaunig und hundertprozentig pessimistisch sind.«

Damit Sie mich richtig verstehen: Ich habe gar nichts gegen Glückskinder und ihr sonniges Gemüt, wenn sie mir mein gelegentlich dunkles Fühlen lassen. Mir geht es oft gut, aber nicht immer. Es kann sein, dass ich morgens aufwache und voll von übler Laune bin. Ich bin muffig, motzig, manchmal sogar ungerecht und dann ganz sicher auch unberechenbar. Das sind die Bitterpillentage. Deswegen habe ich großes Verständnis für alle, die auch nicht immer »gut drauf« sind und die es unerträglich finden, wenn man sie dann aufmuntern möchte, statt ihnen ihre miese Laune einfach zu lassen. Als ihre Schutzheilige fühle ich mich verantwortlich dafür, die schlechte Laune vor der drohenden Ausrottung zu bewahren. Keiner will sie, und alle kämpfen gegen sie an. Dabei meint es die schlechte Laune doch nur gut mit uns: Schlechte Laune ist gesund. Nicht nur das heitere, optimistische Wesen hat seine Vorzüge, auch das muffige, stille, in sich gekehrte Gefühl hat seine Berechtigung.

Unsere Gemütsverfassung ist wie ein Sortiment von bunten Drops. Viele Farben und Geschmacksrichtungen sind darin zu finden – und jede Dropssorte hat eine besondere Wirkung und seinen Wert. Ein breites Spektrum der Gefühle! Nicht nur purpurrot und süß, sondern auch dunkelgrau und bitter.

Mal wieder mies drauf?

Gut so! Denn eliminierten wir die schlechte Laune aus dem Leben, wäre das, als verbannten wir alle bitteren Lebensmittel vom Speiseplan. Aber auch Bitterstoffe sind für den Organismus wichtig. Warum wohl gibt es süße, saure und bittere Drops zu kaufen? Bitterstoffe reinigen und bringen den Stoffwechsel in Schwung. Sie machen das Immunsystem aktiv, regen die Verdauung an. So ist es auch mit den Bitterstoffen unserer Seele. Ich meine damit nicht Schwarzseher und Menschen, die befürchten, von allen und jedem belogen und betrogen zu werden, sondern ich spreche von der guten alten schlechten Laune, die einen scheinbar grundlos befällt und die bei uns so wenig geäußert werden darf wie ein unkorrekter Witz. Es gibt Bonbons, Tee und Schokolade, die gegen schlechte Laune wirken sollen. Doch haben Sie schon mal von einem Künstler gehört, der große Dinge schuf, während er tagein, tagaus ein fröhliches Liedchen pfiff? Schlechte Laune führt offenbar, anders als die gute, zum Nachdenken. Wenn Sie gut gelaunt sind, setzen Sie sich nicht auf eine Bank und denken: »Wieso in aller Welt bin ich bloß seit ein paar Tagen so gut gelaunt?« Miese Laune müssen Sie hingegen irgendwann begründen. Wenn nicht vor anderen, so doch vor sich selbst. Dieses Nachdenken ist sehr hilfreich. Das trübe Gemüt sorgt dafür, dass wir den Blick nach innen wenden. Damit ist ein Neuanfang gemacht. Sie stellen fest, dass vielleicht etwas in Ihrem Leben nicht so läuft, wie es sich Ihr Herz oder Ihre Seele wünscht. Wenn wir schlecht gelaunt sind, dann machen wir Pause und können uns regenerieren. Unsere Aufmerksamkeit ist bei uns, wir ziehen uns zurück, es wird still und das Leben dadurch bedächtig.

Es mag paradox klingen, aber für mich sind das stets positive Momente, die mich äußerst lebendig machen. Vielleicht gehen uns die Anforderungen dieser Tage dann nicht so leicht von der Hand wie sonst, doch die langsame Gangart hat durchaus ihren Sinn.

Lassen Sie sich also Ihre schlechte Laune nicht verhageln, sondern denken Sie lieber darüber nach, wohin die trübe Laune Sie wohl führt. Sie hat eine gute Absicht und eine Qualität. Haben Sie sie schon gefunden? So gesehen, kann schlechte Laune richtig glücklich machen. Sie finden dann nämlich heraus, was Sie für ein besseres Leben brauchen. Ohne »Jippiiiieh!« und »Hurra!«. Und wenn Sie dann wirklich gut gelaunt sind, werden Sie es merken, keine rote Pappnase muss Sie daran erinnern – und Sie drängen auch niemandem Ihre gute Laune auf. Schon gar nicht jemandem, der gerade schlecht gelaunt ist, denn Sie wissen aus eigener Erfahrung: Sie könnten ihn bei guten Gedanken stören.

Psst ...
ein Geheimnis!

Es ist nur zu fühlen, nicht mehr zu sehen. Man kramt in der Handtasche, stellt sie auf den Kopf. Eines Tages taucht das Geheimnis aus den Tiefen auf – und entpuppt sich als lapidare Kleinigkeit oder als etwas lang Vermisstes. Eigene Geheimnisse ähneln Geschenken. Sie sind in der Seele verpackt und kostbar. Werden Sie das eine oder andere jemals lüften?

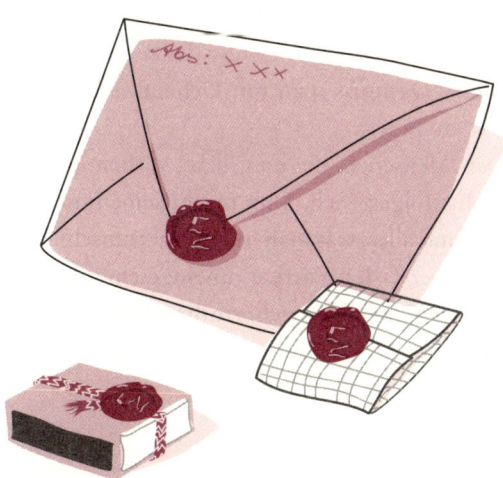

Miss Geheimnisvoll

So nannte mich vor vielen Jahren ein Kollege. Sie ahnen es sicher schon: Er meinte es nicht nett. Es brachte ihn sogar fast auf die Palme, dass ich nicht jeden Gedankengang und jede private Verabredung vor ihm offenlegen wollte. Wenn er mich fragte, was ich abends vorhätte, dann antwortete ich nur: »Ich gehe aus.« Ich sagte nicht mit wem, und ich verriet ihm auch nicht wohin. Es war gar kein echtes Geheimnis, ich hatte einfach keine Lust, es ihm zu sagen. Er aber war davon überzeugt, ich wolle etwas verheimlichen und verschleiern. Wenn ihn die Neugier ganz rasend machte, beschuldigte er mich, ich wolle mich nur wichtig tun. »Miss Geheimnisvoll!«, stöhnte er und rollte mit den Augen. Stimmt, der Kollege war ein wenig in mich verliebt und – auch richtig – ich nicht in ihn. Hätte ich mitgeliebt, so wären mir vermutlich Herz und Mund übergelaufen. Ich hätte von mir erzählt, alles offenbart, ihn in jede Entscheidung miteinbezogen und kleine Sünden sofort gebeichtet. Keine »Geheimnistuerei«. So hatte man es mir beigebracht. Als Kind durfte ich kein Geheimnis haben, um die Eltern nicht zu enttäuschen – »und der liebe Gott sieht so und so alles«. Da muss man mit Geheimniskrämerei gar nicht erst anfangen.

Den Menschen, die man liebt, verheimlicht man nichts, schlussfolgerte ich. Man macht seine innere Handtasche auf, und alles, was man mit sich herumschleppt, bekommt zuallererst der Partner uneingeschränkt zu sehen. In meiner Vorstellung gehörte diese Offenheit zu wirklicher Liebe …

Aber immer wieder gab es Gedanken, an denen selbst ich andere Menschen nicht teilhaben lassen wollte. Ich trug sie in mir und vertraute sie meinem Tagebuch an, das ich viele Jahre führte. Als dieses Buch eines Tages von einem Freund gelesen worden war, musste ich am eigenen Leib erfahren, wie schmerzvoll es ist, wenn ein Fremder (denn alle Menschen sind für das Geheimnis fremd) das Geheimnis bricht. Schließlich sind Geheimnisse etwas sehr Kostbares und Intimes.

Nicht nur die Psychologin Ursula Nuber, sondern auch andere Experten bestätigen Menschen heute darin, ihre kleinen Geheimnisse zu pflegen. Geheimnisse unterstützen dabei, autark und selbstbestimmt zu erleben. Ursula Nuber schreibt sogar, dass Beziehungen, in denen die Partner keine Geheimnisse mehr voreinander hüten, ihren Reiz verlieren. Das kleine Geheimnis macht anziehend, schmunzelnd und lässt die Hormone tanzen.

Seit ein paar Jahren pflege ich Intimitäten, die ich nur mit mir oder ganz wenigen Freundinnen teile.

Ein Geheimnis ist zum Beispiel …
- ein Ziel im Leben, das Sie verwirklichen wollen.
- Ihr Wunsch, einmal einen Roman zu schreiben.
- ein Tango-Kurs, den Sie alleine machen wollen.
- Ihr Hang, bei Liebesfilmen hemmungslos zu heulen.
- Ihre Schwäche für Handtaschen und dass Sie sich wieder eine gekauft haben.
- Ihr Plan, sich ein Jahr Auszeit zu nehmen.
- die Überlegung, ein Dessous-Geschäft zu eröffnen.
- die seidene Wäsche, die Sie unter Ihrem Schlabberpulli tragen.

- der Ring, der nicht nur ein Schmuckstück, sondern ein Versprechen ist.
- das Kästchen, das Ihre Erinnerungen bewahrt.

Ihr kleines Geheimnis trägt den Namen ....
Ach ja, ich vergaß, Sie dürfen es nicht notieren, denn dann wäre es ja kein Geheimnis mehr. Aber denken dürfen Sie es. Und? Ist es schön? Lässt es Ihre Augen geheimnisvoll funkeln?

Vieles, was wir später realisieren, ist erst einmal nichts anderes als eine Idee, ein kleines Geheimnis. Wir tragen es in uns und wollen es (noch) nicht mit anderen teilen. Die meisten Frauen sagen dann:
»Es treibt mich etwas um« oder
»Ich geh mit etwas schwanger« oder
»Ich brüte gerade was aus, wenn es so weit ist, dann werde ich dir davon erzählen.«

Männer sagen nichts. Sie sind einfach stumm. Punkt. Aus. Fertig. Werden Frauen auf ein mögliches Geheimnis angesprochen, geben viele wenigstens einen Zipfel preis oder doch gleich alles – und ärgern sich dann später, diese Tür geöffnet zu haben, denn der andere wird mit Sicherheit noch genauer nachfragen. Das liegt in der Natur der Sache und heißt im Sprichwort: »Wer A sagt, muss auch B sagen!«
Geheimnisse, die zu früh gelüftet werden, verlieren ihren Reiz, und manche verpuffen sogar. Darüber hinaus werden kleine Geheimnisse, die vorzeitig offengelegt werden, sehr schnell von anderen zerredet. Noch ehe man

selbst weiß, was es genau ist, wissen die anderen schon wieder alles besser, geben Tipps oder empfehlen: »Lass es sein!« Deswegen tut es gut, seinen geheimen Schatz zu hüten. So lange, bis man fest auf seinen Füßen steht und möglichen Gegenargumentationen standhalten kann. Das kleine Geheimnis bleibt oft so lange geheim, bis es sich in eine Entscheidung gewandelt hat. Bleiben oder gehen? Auswandern oder hier einen neuen Job suchen? Künstliche Befruchtung oder auf ein Kind verzichten? Echte Perlen oder falsche? Lover oder Mann des Herzens? Spitze oder Baumwolle?

Geheimnisse haben eine besondere Aura. Es handelt sich dabei nicht um Lügen und Betrug, sondern um kleine, private Schatullen, die einen besonderen Inhalt hüten. Das Geheimnis umwittert einen Menschen.

»Was ist mit dir? Du siehst in letzter Zeit so verändert aus ...«, fragte ich neulich eine Freundin.

»Nichts.«

Das »Nichts« kam aber so warm und weich daher, dass ich die wahre Botschaft auch ohne Worte hörte.

»Ja, ja, ja. Ich bin verzaubert, ich bin verliebt, aber ich werde es niemandem sagen.«

Geheimnisse sind spürbar und werden oft erahnt.

»Da ist *doch* was«, denken sich die anderen und schauen ein wenig genauer zu Ihnen hin. Erlauben Sie sich kleine Geheimnisse? Oder beginnen Sie erst allmählich, das Geheimnis von Geheimnissen zu entdecken? Aber pssst, verraten Sie es nicht zu schnell, genießen Sie lieber das Gefühl, etwas von sich zu wissen, was sonst niemand weiß, was nur Ihnen ganz allein gehört. Später, wenn Sie möchten, können Sie andere einen kurzen Blick in die

Handtasche werfen lassen, aber vielleicht auch nur in bestimmte Fächer. Mal sehen ...

Es ist dunkel

Geheimnisse sind nicht nur immer hell und sexy, es gibt auch solche, die dunkel sind und eine oder mehrere menschliche Seelen belasten. Die »Geliebte« zu sein kann solch ein Geheimnis sein. Oder einen »Geliebten« zu haben. Dass diese Geheimnisse keine positive Spannung bringen, liegt daran, dass ein Betrug damit einhergeht.

- Sie tragen eine Visitenkarte in der Tasche, die Ihnen mehr bedeutet als der Name eines Kollegen.
- Das Geld in Ihrem Geldbeutel haben Sie sich etwas erschwindelt, indem Sie nicht gearbeitete Überstunden berechneten.
- Sie nehmen Tabletten, die Sie munter machen sollen, denn ohne geht es Ihnen ziemlich schlecht.
- Sie suchen bereits per Anzeige einen neuen Mann, obwohl Sie mit Ihrem derzeitigen noch Nächte und Urlaube teilen.
- Sie sind schon seit Jahren eine Geliebte und ahnen, dass dies auf einer höheren Ebene eine unklare Liebe ist.

Als Geliebte können Sie eine ganze Zeit die Verantwortung von sich wegschieben (ich weiß, wovon ich spreche). Schließlich muss »er« ja die Sache regeln. Aber: Sie sind mit im Spiel und damit Teil der Regeln. Geheimnisse dieser Art belasten irgendwann. Niemand will sie pflegen oder bewahren, sondern sie wollen endlich gelüftet werden, damit man wieder frei atmen und leben kann.

»Ich habe mir so gewünscht, dass uns jemand entdeckt. Wir gingen Hand in Hand durch die Stadt, aber nie trafen wir jemanden, der es seiner Frau hätte verraten können«, erzählte mir Carolina. Erst an dem Tag, als ihr Geliebter endlich alles offenbart hatte, an diesem merkwürdig erleichternden wie belastenden Tag trafen sie im Wald einen Freund von ihm. Manchmal nimmt uns das Leben keine Schritte ab.

Haben Sie so ein dunkles Geheimnis? Gibt es etwas, das Sie »beichten« müssten, offenlegen? Es ist oft sehr schwierig, einen klärenden Schritt zu tun, aber insgeheim wissen Sie: Erst wenn Sie es ausgesprochen haben, werden Sie sich erleichtert fühlen. Vielleicht nicht gleich, aber der Spiegel ist dann nicht mehr blind, sondern Sie haben offen und klar zu einem Wunsch oder Fehler gestanden. Liegt etwas erst einmal auf dem Tisch, können Sie weitere Entscheidungen fällen und neue Schritte gehen. Nicht immer, wie zum Beispiel viele Geliebte glauben, wendet sich das Leben dann automatisch gegen Sie. Manche Beziehungen, die einstmals heimlich waren, werden später offiziell. Man denke nur an Prinz Charles und seine heutige Frau Camilla. Andere heimliche Beziehungen gehen später auseinander, weil gerade das Geheimnis das »Salz in der Suppe« war. Und einige Liebespaare haben keine Zukunft, weil die Forderung »Komm wieder, wenn du frei bist« endlich die nötige, wenn auch bittere Klarheit bringt.

Carolina erkannte mit der Zeit, dass sie sich selbst eine ganze Liebe nicht zugestand. Deshalb hatte sie sich auf eine »halbe Sache« eingelassen. Sie befürchtete, einem Mann nicht zu genügen. Ihr Grundthema war also nicht die heimliche Liebe, sondern das Selbstbewusstsein, das ihr fehlte.

Wenn Sie etwas mit sich tragen, das Sie niemandem aus Ihrem Umfeld anvertrauen wollen, dann sprechen Sie mit jemandem, der sich Geheimnissen berufsmäßig annimmt. Das kann eine Therapeut oder eine Therapeutin sein, ein Pfarrer/eine Pfarrerin, ein Coach oder die Telefonseelsorge. Nehmen Sie die Hilfe eines Menschen in Anspruch, der nicht mit Ihrem Leben in Verbindung steht, der vom Fach ist und der vielleicht nicht einmal Ihren Namen kennen möchte. Erzählen Sie. Und beraten Sie sich mit diesem Menschen. Vielleicht ist Ihr Geheimnis gar nicht so bedrohlich, wie Sie denken. Meist erfahren wir das aber erst, indem wir es einem anderen erzählen – und dann fällt es uns plötzlich leicht, den großen, den öffnenden Schritt zu tun. Denn wir sind nicht allein, und neue Türen tun sich auf.

Viele dunkle Geheimnisse gewinnen mit einem Mal sogar eine helle und gute Dynamik, sobald sie ausgesprochen sind: Sie verlieren den Schatten und werden zu klarem Licht. Dieses Licht scheint in Ihre Zukunft und weist Ihnen den Weg. Möglicherweise werden Sie nicht von allen Menschen verstanden werden, und vielleicht kann Ihnen der eine oder die andere erst einmal nicht verzeihen. Aber Sie haben es zumindest gesagt und damit gezeigt, dass Sie trotz allem zu sich stehen. Zu Ihren Fehlern, Schwächen und zu den Seiten, die nicht die schönsten sind. Das ist ein Anfang. Auf mehr kommt es in diesem Moment auch gar nicht an. Im nächsten Schritt können Sie darüber nachdenken, ob es etwas gibt, das Sie darin unterstützt, dass alle Beteiligten eine Wiedergutmachung empfinden. Vieles im Leben lässt sich wieder gerade-biegen. Düstere Geheimnisse sind viel zu belastend, als dass sie auch nur noch einen weiteren Tag Ihre Seele be-schweren sollten. Lassen Sie das dunkle Geheimnis los.

Das ganze Leben ist ein Geheimnis

Welch faszinierender Gedanke. Alles ist ein Geheimnis. Die Menschen um uns herum und an unserer Seite. Die Zukunft. Es ist ein Geheimnis, wem wir noch begegnen werden und wann. Ob sich daraus etwas Tiefes entwi-ckeln wird. Es ist ein Geheimnis, ob sich der erkämpfte Job wirklich als das Sprungbrett erweisen wird. Ob die Party tatsächlich ein Knaller wird. Ob es ein Junge oder Mädchen wird … Alles ist erst einmal ein Geheimnis.
Wir, die wir immer den Durchblick haben wollen, die wir alles beleuchten und überprüfen möchten, müssen erkennen, dass vieles im Verborgenen wirkt. Selbst die Menschen, mit denen Sie zusammenleben, sind und blei-ben einander ein Geheimnis.
Ich habe in einer kleinen Privatstudie Paare, die über zwanzig Jahre miteinander verbunden sind, gefragt, ob sie davon ausgehen, den anderen durch und durch zu kennen. Die meisten schüttelten den Kopf.
»Am Anfang habe ich versucht, die Gedanken meiner Frau zu lesen«, erzählte mir ein Mann lachend. »Bereits

nach einem Jahr Ehe hörte ich damit auf. Wir sind nun seit dreißig Jahren ein Paar.«

Tatsächlich gab es nur eine Frau unter den Befragten, die davon ausging, alles über ihren Mann zu wissen und sein Verhalten vorhersagen zu können.

Aber in Wirklichkeit kennen wir niemanden ganz und gar. Wir können vieles erfragen, aber wie ein Mensch agieren und reagieren wird, wissen wir letztlich nicht. Und wir wissen genauso wenig, wie sich Dinge entwickeln: ob die Aktien steigen oder fallen. Und das Stück Torte in der Bäckereitheke? Schmeckt es wirklich so gut, wie es aussieht? Es ist ein Geheimnis. Wir müssen uns den Menschen und der Welt und dem Leben anvertrauen ... Schließlich muss man mit allem rechnen, auch mit dem Guten!

Nein, Sie können nicht Gedanken lesen. Sie können einem Menschen nicht an seiner Nasenspitze ablesen, wie gut oder schlecht gelaunt er ist. Sie wissen auch nicht im Voraus, wie Ihr Chef auf ein Problem reagieren wird. Nicht einmal das Wetter lässt sich zuverlässig vorhersagen. Was Sie tun können? Möglichst viele Rückmeldungen und Informationen einholen, um Ihre Annahme zu überprüfen. Langweilig? Tja. So isses halt. Finden wir uns einfach damit ab.

Ich habe viele Menschen in meinen Seminaren getroffen, die dennoch davon ausgingen, sie könnten sich in den Kopf eines anderen hineinversetzen. Bei genauerem Nachfragen stellte sich dann aber heraus, dass sie bislang ziemlich oft danebengelegen hatten. Ich glaube, ich verrate Ihnen nichts Neues, wenn ich Ihnen sage, dass das Hineinphantasieren in fremde Köpfe ein Spezialgebiet von Frauen ist. Aber genauso wenig, wie wir den genauen Inhalt einer fremden Handtasche von außen einschätzen können, genauso verschließt sich uns ein anderer Mensch. Meist können wir nicht einmal sagen, ob das Innenleben einer anderen Handtasche chaotisch oder ordentlich ist. Wir wissen nichts.

Dass Frauen schnell meinen, einen anderen Menschen zu kennen, mag an der weiblichen Sozialisation liegen. Mädchenfreundschaften zeichnen sich beispielsweise dadurch aus, dass die eine Freundin die andere »versteht«. Mädchen in der Pubertät sind, je nach Trefferquote, auf diese Kunst sehr stolz. Meine Freundin Annette und ich waren Profis darin, und eigentlich sind wir es auch heute noch. Wir können die Gedanken der anderen erahnen. So schön und vertraut sich das anfühlt, vergessen wir aber nicht, dass es letztlich nur eine Vermutung bleibt, die wir überprüfen müssen. Als wir das vor einigen Jahren versäumt hatten, weil wir davon ausgegangen waren, genau zu wissen, wie die andere fühlt, geriet unsere Freundschaft in eine tiefe Krise. Jetzt sind wir vorsichtiger geworden. So offen Annette für mich ist, so geheimnisvoll wird sie für mich bleiben.

Im Büro klingt die Zukunftsleserei übrigens oft so:
• Ich weiß genau, wie die ist …
• Den brauchste erst gar nicht zu fragen, der übernimmt nichts. Das weiß ich.
• Der ist nicht zu ändern.

- Den bewegt nichts und niemand. Wie ein Elefant und stur wie ein Esel.
- Ich weiß, wie das ausgeht. Ich weiß es. Hundert Prozent und jede Wette!
- Sie können es versuchen, aber ich sage Ihnen schon jetzt, dass das nichts bringt.

Wenn Sie vorausahnen, nehmen Sie der Zukunft das Geheimnis und die Spannung. Denn alles ist fließend, und jeder kann sich von neuen Seiten zeigen. Auch Kollegen. Wir können viel erahnen und wissen nichts. Aber Fragen helfen weiter … (Weitere Anregungen dazu enthält auch das »Adressbuch«.)

Eine Meinung, selbst wenn sie seit hundert Jahren gepflegt wird, kann sich auch im 101. Jahr noch ändern. Es gibt nichts, was wir endgültig wissen, und niemanden, den wir vom Scheitel bis zur Sohle kennen. Aber durch Fragen und Zuhören, durch Offenheit, Demut und Respekt bewegen wir uns auf das Geheimnis Leben zu. Wenn wir neugierig bleiben und nicht besserwisserisch vorausdenken, können wir mit den Wellen des Lebens schwimmen.

Das ist sicher.
Und ganz klar kein Geheimnis.

Wenn Sie mehr über die Arbeit der Autorin erfahren oder eines ihrer Coaching-Angebote in Anspruch nehmen wollen, besuchen Sie ihre Homepage unter:
www.goernerweiner.de
www.self-mentoring-system.de

Dank

Dieses Buch ist meinen Freundinnen Annette, Conny, Jutta, Helga, Leonore, Heidi, Katinka und Margit gewidmet – ohne euch wäre ich nicht die Frau geworden, die ich bin.

Ich widme es auch allen Frauen, die mir begegneten, eine kürzere oder längere Lebenszeit mit mir verbracht haben, mich stützten, förderten und inspirierten, und natürlich den vielen Teilnehmerinnen meiner Seminare, die mir ihr Vertrauen, ihre Geschichten, ihre Fragen und Anregungen schenkten.

Und ich widme es den jungen Frauen in meinem Leben. Allen voran Nina, meiner schlauen Kollegin, der Lesegruppe, Marlen, Daria und Crissy, Henni, Barbara, die mich mit ihren jungen Gedanken geistig durchspülen und wachhalten.

Ich danke meiner Lektorin Swantje Steinbrink, die mich Komma für Komma, Satz für Satz, Idee für Idee durch dieses Buch begleitet hat, mein Jammern aushielt, meine schlechte Laune verwandelte und meine Buchhandtasche liebevoll und beherzt zusammenpackte.

Vielen Dank Bernd, dass du meine Schreibphasen mitlebst und dich nicht zu sehr von mir nerven lässt.

Und vielen Dank an Mama, die mir in der allerletzten Schreibphase zwar nicht die Handtasche, aber meinen Kleiderschrank sortiert hat.

Quellennachweis:
Seite 48/49, Stufen. Aus: Hermann Hesse, Sämtliche Werke.
Herausgegeben von Volker Michels. Band 20: Die Gedichte,
© Suhrkamp Verlag, Frankfurt am Main 2002.

Seite 99/100, Was es ist. Aus: Erich Fried, Es ist was es ist.
© Verlag Klaus Wagenbach, Berlin 1983.

Seiten 55, 102/103:
Christine Weiner

....

Besuchen Sie uns im Internet:
www.knaur.de

Die Folie des Schutzumschlags sowie die Einschweißfolie
sind PE-Folien und biologisch abbaubar.
Dieses Buch wurde auf chlor- und säurefreiem Papier gedruckt.

Umschlaggestaltung: ZERO, Werbeagentur München
Umschlagillustration: Kristina Heldmann / Hirschpool
Illustrationen: Kristina Heldmann
Satz: Adobe InDesign im Verlag
Druck und Bindung: Offizin Andersen Nexö, Leipzig

Printed in Germany

ISBN 978-3-426-65479-8

2   4   5   3   1